应用型人才培养教材

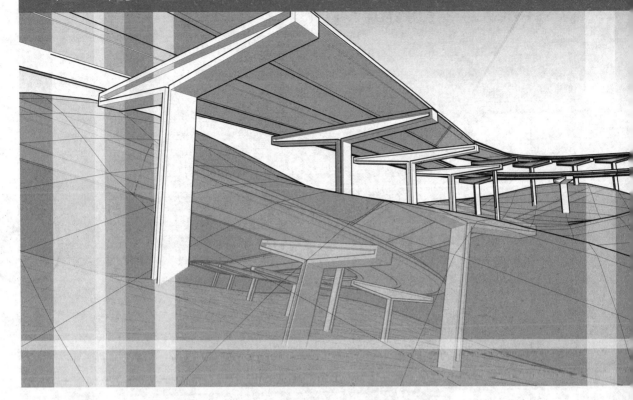

桥梁工程BIM建模技术

高 伟 杜一丛 主编 田 亮 毛 竹 副主编
姚士新 审

U0367312

化学工业出版社

·北京·

内容简介

本书以党的二十大精神为指引，落实立德树人根本任务。本书是指导 BIM（建筑信息模型）初学者进行桥梁工程建模学习的基础图书，内容涵盖了 BIM 基本理论与 BIM 软件操作要点。本书详细介绍了 BIM 建模准备、桥梁下部结构建模、桥梁上部结构建模、桥梁附属设施建模、拓展应用，主要内容包括 BIM 概论、项目界面认识及功能介绍、族介绍及五种建模方法、工程识图及建模前准备、标高创建、轴网创建、桩基础创建、系梁创建、墩柱创建、盖梁创建、桥台创建、T 梁创建、湿接缝创建、桥梁构件拼接、桥面铺装创建、标志标线创建、防撞护栏创建、隔离栅创建、Revit 功能拓展应用。本书能帮助读者快速学会利用 BIM 软件进行桥梁工程模型的创建。

本书提供有建模操作的视频资源，可通过扫描书中二维码获取。

本书可作为应用型本科，高等职业及中职院校土木工程专业学生教材，也可作为工程建设行业 BIM 技术人员培训参考用书。

图书在版编目（CIP）数据

桥梁工程BIM建模技术 / 高伟，杜一丛主编. —北京：化学工业出版社，2023.6
ISBN 978-7-122-43192-9

Ⅰ.①桥…　Ⅱ.①高…②杜…　Ⅲ.①桥梁设计－计算机辅助设计－应用软件　Ⅳ.①U442.5-39

中国国家版本馆 CIP 数据核字（2023）第 054718 号

责任编辑：李仙华　　　　　　　　　文字编辑：罗　锦　师明远
责任校对：宋　玮　　　　　　　　　装帧设计：张　辉

出版发行：化学工业出版社（北京市东城区青年湖南街13号　邮政编码100011）
印　　刷：三河市航远印刷有限公司
装　　订：三河市宇新装订厂
787mm×1092mm　1/16　印张14½　字数350千字　2024年3月北京第1版第1次印刷

购书咨询：010-64518888　　　　　　售后服务：010-64518899
网　　址：http://www.cip.com.cn
凡购买本书，如有缺损质量问题，本社销售中心负责调换。

定　　价：45.00元　　　　　　　　　　　　　　　　版权所有　违者必究

前　言

国家出台多项政策，把 BIM（建筑信息模型）技术作为推动建筑业产业转型升级的核心技术，交通运输部、住房和城乡建设部积极响应，要求在建设工程设计、施工、管理中应用 BIM 技术。2019 年，教育部推出职业教育改革 1+X 证书制度，在首批推出的试点领域中，将 BIM 列为工程建设领域的 1+X 教育改革试点。

本书由北京交通运输职业学院与北京逸群工程咨询有限公司联合开发，在编写过程中组织高校教师与企业专家参与，采用"项目化　层进式"的体系结构，引入北京逸群工程咨询有限公司实际工程案例，一个项目贯穿始终，具有较强的整体性、连续性。

本书从中国建造、中国工程、中国桥梁大师、全国劳动模范等多个维度，结合社会主义核心价值观——富强、民主、文明、和谐、自由、平等、公正、法治、爱国、敬业、诚信、友善，融合教学内容进行整体设计，扎实推动党的二十大精神融入教材建设，通过知识与技能的学习，将精益求精的工匠精神、严谨认真的工作态度、崇高的人生追求有效地传递给学生。

本书是面向实际工程应用的桥梁 BIM 建模图书，可作为土木工程领域应用型本科、高等职业及中职院校的教材，也可作为其他高校工程建设相关专业教学用书或工程建设行业 BIM 技术人员培训参考用书。

本书的主要特点如下：

（1）对接"1+X"建筑信息模型职业技能等级证书

将"1+X"建筑信息模型职业技能等级证书考评大纲中的考核点有机地融入到各个任务当中，并在拓展部分加入大量的考试题目，为学生、企业员工考取证书奠定了基础。

（2）结合实际工程重构教学内容

以实际工程为载体，以施工顺序为建模主线，将知识、技能点分散到单个桥梁构件的建模中，实现理论实践一体化、学习实践一体化。

（3）按照桥梁的建造过程进行活页式设计

按照单个桥梁构件建模到桥梁全部构件的整体拼接顺序设计学习任务，形成相对独立的任务，读者每完成一部分都能有可展示的成果，激发学习兴趣。

（4）配套教学资源丰富

在超星教学平台开设了在线课程，配有慕课 325 分钟、PPT16 套、试题 217 道、试卷 3 套等资源，内容与教材对应，方便读者学习，提高学习效率。本书还提供了建模操作的视频资源，可通过扫描书中二维码获取；××工程施工图设计图纸、配套的教学课件，读者可登录 www.cipedu.com.cn 免费获取。

本书由北京交通运输职业学院高伟、杜一丛主编；北京交通运输职业学院田亮、毛竹副主编；北京逸群工程咨询有限公司牛云、方俊屹，北京交通运输职业学院孙文波、苏磊、马志才参编；北京交通运输职业学院姚士新主审。本书在编写过程中得到了北京住总集团有限责任公司张志坚、杨帆的大力支持，以及北京交通运输职业学院建筑工程信息化社团邵思翔、葛宁、张敏、王圻、王若楠、陈佳璇、张艳、唐天鸿、蒋俊杰等的鼎力协助，在此表示感谢。

感谢参与本书编写的人员的辛勤付出及各位同仁的大力支持。本书还得到了化学工业出版社的指导与支持，在此一并感谢。

由于编者水平有限，加之时间仓促，书中疏漏之处在所难免，恳请广大读者批评指正。

编者
2023 年 5 月

目 录

项目二　桥梁下部结构建模

项目三　桥梁上部结构建模

项目四　桥梁附属设施建模

项目五　拓展应用

附录1　Revit 中国标准快捷键设置路径详表

附录2　建筑信息模型（BIM）职业技能等级要求（市政道桥专业中级）

参考文献

资源目录

项目一　BIM 建模准备

任务 1.1　BIM 概论

 任务目标

> **能力目标**
>
> 　　能够理解 BIM 的概念；
> 　　能够叙述 BIM 的核心价值。
>
> **知识目标**
>
> 　　理解 BIM 概念的基本内容；
> 　　掌握 BIM 技术的核心价值。
>
> **素质目标**
>
> 　　提升专业创新能力；
> 　　提高自主学习的能力；
> 　　提升专业学习的综合能力。

二维码 1.1

1.1.1　BIM 基本概念

　　BIM 是英文 Building Information Modeling 或 Building Information Model 的缩写，代表建筑信息模型化或建筑信息模型。BIM 技术即关于建筑信息模型化和建筑信息模型的技术。其基本理念是：以基于三维几何模型、包含其他信息和支持开放式标准的建筑信息为基础，提供更加强有力的软件，提高建筑工程的规划、设计、施工管理以及运行和维护的效率和水平；实现建筑全生命周期信息共享，从而实现建筑全生命周期的建设质量、进度、成本等关键方面的优化，如图 1.1 所示。

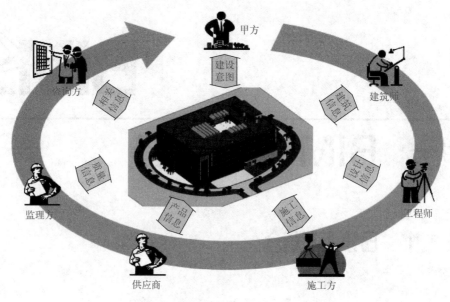

图 1.1　BIM 技术协助多单位实现信息共享

1.1.2　BIM 发展历史与现状

BIM 最早起源于美国，随着全球化的进程，继美国后部分发达国家以及发展中国家也开始研究 BIM，例如日本、土耳其、韩国、新加坡等，目前这些国家的 BIM 发展和应用都达到了一定水平。随着建筑行业的高速发展以及信息科学技术的快速进步，建筑工业化要求也在不断提升，因此 BIM 迎来了空前的发展机遇，以 BIM 技术为基石，中国乃至全世界的建筑行业都得到了质的发展，BIM 已经并将继续引领建设领域的信息革命，伴随着 BIM 应用的逐步推广，建筑行业的传统架构将被打破，一种以信息技术为主导的新架构将取而代之。

21 世纪前 BIM 处于理论研究阶段，受到计算机硬件与软件水平的限制，BIM 仅能作为学术研究的对象，很难在工程实际应用中发挥作用。进入 21 世纪 BIM 的研究和应用取得了突破性进展。计算机软硬件水平的迅速发展以及对建筑生命周期的深入理解，推动了 BIM 技术的不断前进。在 BIM 技术进步和其行业发展都以"光速"进行的 21 世纪，追本溯源，了解其发展历史，把握当下，看清当代发展现状，才能在 BIM 未来发展的道路上砥砺前行，开辟出一片新的天地。

（1）BIM 在中国的发展

BIM 在国内的发展起步较晚，很长一段时间只是停留在 BIM 软件的应用上。目前，BIM 已被行业内从业人员普遍认可，深入应用的需求正在不断扩大，发展已经进入深水区，如何利用模型的信息成为了行业关注的焦点。2015 年 6 月，住房和城乡建设部印发了《关于推进建筑信息模型应用的指导意见》，意见中提到"到 2020 年末，建筑行业甲级勘察、设计单位以及特级、一级房屋建筑工程施工企业应掌握并实现 BIM 与企业管理系统和其他信息技术的一体化集成应用。"BIM 技术已经成为支撑我国建筑业发展的重要技术。

设计阶段的 BIM 应用模式已基本固定，施工阶段和运维阶段成熟的应用模式还未形成。

中国 BIM 发展过程见表 1.1。

表 1.1　中国 BIM 发展过程

时间	BIM 发展过程	具体表现
2002—2005 年	概念导入阶段	IFC（industry foundation classes）标准研究，BIM 概念引入
2006—2014 年	试点推广阶段	BIM 技术、标准及软件研究，大型建设项目试用 BIM
2015—2016 年	快速发展及深度应用阶段	大规模工程实践，BIM 标准制定，政策支持
2017—2018 年	不断提高阶段	开设 BIM 大赛，装饰 BIM 被列入 BIM 等级考试
2019 年一至今	不断提高阶段	技术信息化，管理信息化，BIM 技术技能等级考试

　　自从 BIM 走进中国市场以来，便在我国建筑行业掀起了 BIM 热潮，无论是建筑类大学的教授，还是建筑行业的精英都纷纷进行研究与应用，BIM 在中国受到了高度重视。应用 BIM 在我国的工程项目上的案例更是层出不穷，例如中国第一高楼上海中心大厦、北京第一高楼中国尊、华中第一高楼武汉中心大厦等。

　　目前我国对 BIM 的应用集中处于设计、施工阶段，随着建设单位和运营单位对 BIM 的认识逐渐增加，万达、龙湖等大型房地产商也在积极探索如何应用 BIM 进行项目管理。一项针对设计企业以及施工企业应用 BIM 的驱动因素调查表明，设计企业与施工企业应用 BIM 的驱动因素并不相同（见表 1.2），BIM 在我国的工程建设中取得了巨大的应用价值。

表 1.2　BIM 应用的驱动因素

设计企业的答案	施工企业的答案
标准化、法规	提升质量、标准度
成本、利润	效率、便利性
效率、便利性	项目管理、系统整合
提高 BIM 熟悉程度、应用率	提高 BIM 熟悉程度、应用率
项目管理、系统整合	成本、利润

（2）BIM 在美国的发展

　　美国是最早启动建筑业信息化研究的国家，发展至今，在 BIM 研究与应用方面都走在世界前列。目前，美国 BIM 在应用中已经形成了一套完整的体系，相关协会总结了 BIM 的应用经验，推出了多种 BIM 标准并在世界上了起到了示范作用。根据 McGraw Hill 的调研，2012 年工程建设行业不同群体采用 BIM 的比例从 2007 年的 28% 增长至 2009 年的 49% 直至 2012 年的 71%，其中 74% 的承包商已经在应用 BIM 了，超过了建筑师（70%）及机电工程师（67%）。

　　BIM 的应用在美国的工程建设中取得了突出的成绩，例如 2017 年年底完工的美国布朗大学。在 2014 年布朗大学建设开始的时候，面临着诸多严峻的考验：一是项目团队遍布整个美国；二是危险气体的排放需要更加特殊的管道系统，于是对天花板的要求就提高了一个级别。因为 BIM 的存在，将项目团队的每个人都凝聚在了一起，提高了交流互动的强度，调查显示，此项目在 BIM 的加持下节约了 6 个月的施工时间，节约了 2500 万美元。

（3）BIM 在英国的发展

与大多数国家相比，英国政府强制要求使用 BIM。这一点令很多人费解，可他们不知道的是，BIM 节约的成本、提高的施工速度以及减少的温室气体排放量是令人难以想象的。BIM 自从得到英国政府的支持以后，根据调查：仅有 1% 的调查对象不了解 BIM；2018 年较2017 年使用 BIM 的人数增加了 12%，是自 2014 年以来增长幅度最多的一年；更为可观的是大型公司（50 名员工以上）使用 BIM 达到 78%，中型公司（16 ~ 50 名员工）使用 BIM 达到 80%，就连小型公司（15 名员工以下）使用 BIM 竟也达到 66%。

2016 年，英国高铁二号线（HS2）铁路伯明翰三角形交通枢纽的设计工作非常复杂，但通过使用美国 Bentley（奔特利）公司的 BIM 软件，在 6 个月内就构建了地形 BIM 模型，打造了最优轨道线形设计，充分利用 BIM 共享数据与高效工作的特点攻克了一个又一个难题。

（4）BIM 在日本的发展

2009 年被称为日本的 BIM 元年，大量的日本设计公司、施工企业从那时起就开始应用BIM。2010 年 3 月，日本国土交通省表示，已选择一项政府建设项目作为试点，探索 BIM在设计可视化、信息整合方面的价值及实施流程。2010 年，日经 BP 社调研了 517 位设计院、施工企业及相关建筑行业从业人士。结果显示：BIM 的认知度从 2007 年的 30.2% 提升至 2010 年的 76.4%；采用 BIM 的主要原因由 2008 年为了绝佳的展示效果转变为为了提升工作效率；仅有 7% 的业主要求施工企业应用 BIM，这也表明日本企业应用 BIM 更多是企业的自身选择与需求。

日本软件业较为发达，在建筑信息技术方面也拥有较多的自产软件。日本 BIM 相关软件厂商认识到，多个软件互相配合，是数据集成的基本前提，因此多家日本 BIM 软件商在IAI（International Alliance of Interoperability，国际数据互用联盟）日本分会的支持下，以福井计算机株式会社为主导，成立了日本国国产解决方案软件联盟。此外，日本建筑学会在2012 年 7 月发布了日本《BIM 指南》，从 BIM 团队建设，设计流程，数据处理、预算、模拟等方面为日本的设计院和施工企业应用 BIM 技术提供了指导。

（5）BIM 在新加坡的发展

新加坡在 21 世纪初就已经肯定了 BIM 的重要性，认识到了 BIM 在项目建设中的应用能够有效提高建筑项目建设效率这一事实。负责建筑业管理的国家机构建筑管理署（Building and Construction Authority，BCA），于 2011 年发布了《新加坡 BIM 发展路线规划（BCA's Building Information Modelling Roadmap）》，明确提出推动整个建筑业在 2015 年前广泛使用BIM 技术。为了实现这一目标，BCA 分析了面临的挑战，并制定了相关策略。BCA 于 2012年 5 月推出了《新加坡 BIM 指南》1.0 版，2013 年 8 月发布了《新加坡 BIM 指南》2.0 版。2011 年，BCA 与一些政府部门合作确立了示范项目，并强制要求 2013 年起提交建筑 BIM模型、2014 年起提交结构与机电 BIM 模型，并且最终在 2015 年前实现所有建筑面积大于5000m^2 的项目都必须提交 BIM 模型的目标。

1.1.3　BIM 技术的关键特征

BIM 技术具有 4 个关键性特征，即面向对象、基于三维几何模型、包含其他信息和支持开放式标准。

（1）面向对象

以面向对象的方式表示建筑，使建筑成为大量实体对象的集合。例如，一栋建筑物包含了大量的结构构件、填充墙和门窗等，BIM 技术面向对象的特征使得在相应的软件中，用户操作的对象就是这些实体，而不再是点、线、长方体、圆柱体等几何元素。

（2）基于三维几何模型

使用三维几何模型尽可能如实地表示对象，并反映对象之间的拓扑关系。由于是基于三维几何模型的，相对于传统的用二维图形表达建筑信息的方式，不仅可以直接表达建筑信息，便于直观地显示，而且可以利用计算机自动进行建筑信息的加工和处理，不需要人工干预。例如，利用基于三维几何模型的建筑信息自动生成实际过程中所需要的二维建筑施工图，同时，也便于利用计算机自动计算建筑各组成部分的面积、体积等数量。

（3）包含其他信息

在基于三维几何模型的建筑信息中包含其他信息，使得根据指定的信息对各类对象进行统计、分析成为可能。例如，可以选择某种型号的窗户等对象类别，自动进行对象的数量统计等。又如，若在三维几何模型中包含了成本和进度数据，则可以自动获得项目随时间对资金的需求，便于管理人员进行资源的调配。

（4）支持开放式标准

支持按开放式标准交换建筑信息，从而使建筑全生命周期各阶段产生的信息在后续环节或阶段中容易被共享，避免信息的重复录入。

1.1.4　BIM 技术的核心应用价值

1.1.4.1　BIM 技术对开发建设单位的应用价值

按照是否为建筑工程的业主来区分，开发建设单位可以分为直接开发建设单位和非直接开发建设单位。无论是哪种开发建设单位，都有尽可能快地完成项目建设、准确把握并控制建设成本、保证工程建设质量、有效地进行资产管理的需求，特别是对于非直接开发建设单位，尽可能快地完成项目建设，意味着可以缩短上市的时间，尽早地实现投资变现。

当前，随着全社会对可持续发展认识的提高，建筑工程可持续发展逐步成为共识，这给建筑工程的设计、施工和运营维护提出了更高的要求。特别是近年来，政府部门在推行绿色建筑，要求建筑工程项目全生命周期做到"四节一环保"，即节能、节水、节地、节材、环境保护，建设绿色建筑逐步成为开发建设单位的必选项。另外，随着建筑工程的大型化和复杂化，也随着政府部门对施工安全的重视，为保证建筑工程按预期完成以及工程安全，开发建设单位需要更好地对建筑工程进行把握，包括详细了解施工方案、明确施工安全措施、精确地进行投资控制等。

BIM 技术在上述几个方面都可以发挥关键的作用，有其重要的应用价值。以在建筑工程建设进度方面的作用为例，BIM 技术支持快速形成直观的设计方案，使开发建设单位和设计单位用于确定设计方案的时间缩短；提高设计效率，从而可以使设计单位的设计周期缩短；通过应用 4D 进度管理软件提高管理水平，从而可以使施工周期缩短。如图 1.2 所示为 BIM 技术在建筑全生命周期中的应用。

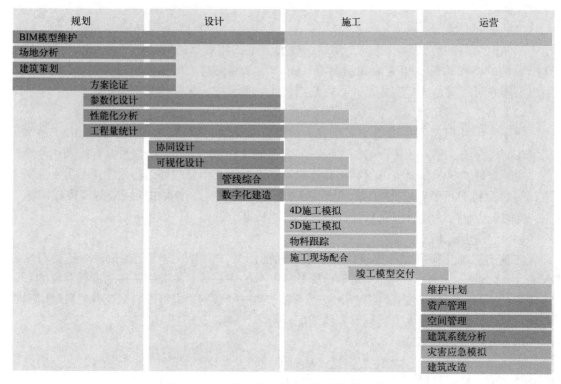

图 1.2　BIM 技术在建筑全生命周期中的应用

2008 年，美国斯坦福大学集成化设施研究中心（Center for Integrated Facility Engineering，CIFE）曾对 32 个应用 BIM 技术的工程项目的调研进行分析，结果表明，BIM 技术可以消除 40% 的预算外更改，使造价估算控制在 3% 精准度范围内，使造价估算耗费的时间缩短 80%，通过发现和解决冲突将合同价格降低 10%，使项目工期缩短 7%，帮助投资方及早实现投资回报。

值得说明的是，对开发建设单位来说，上述应用价值的实现，需要设计单位、施工单位等相关单位共同使用 BIM 技术。因为开发建设单位是建筑工程的发起者和主体，设计单位、施工单位、物业管理单位等相关单位是建筑工程的实施者，上述应用价值源于开发建设单位提出应用 BIM 技术的要求，但需要通过这些相关单位实际应用 BIM 技术才能实现。

开发建设单位提出应用 BIM 技术的要求非常重要。这是因为，在建筑工程的开始阶段，应用 BIM 技术甚至意味着工作量的增加，如果开发建设单位不提出应用 BIM 技术的要求，并不能保证相关单位会自动采用 BIM 技术，因而会丧失 BIM 技术为开发建设单位带来相应应用价值的机会。

1.1.4.2　BIM 技术对设计单位的应用价值

在建筑全生命周期中，设计阶段是一个至关重要的阶段。设计方案的优劣，决定了建筑全生命周期后续阶段的成败，例如，设计方案的瑕疵，有可能增加施工阶段的技术难度并导致较高成本，同时有可能造成运营维护阶段的较高成本。因此，开发建设单位对设计阶段的关注度一般都很高。设计单位应用相关的信息技术，可以提高设计效率和质量，降低设计成本，提高设计水平。

20世纪80年代以来，计算机辅助设计（CAD）技术已经逐步被我国设计单位所接受，至2000年，绝大多数设计单位已实现了"甩掉图板"。BIM技术的采用，将进一步提高设计单位的设计水平。BIM技术给设计单位带来的应用价值，主要有如下四个方面：

（1）有效支持方案设计和初步分析

在建筑全生命周期中最重要的阶段是设计阶段，而在设计阶段中，最重要的环节是方案设计和初步分析。因为方案设计的质量直接影响最终设计的质量。在大型建筑工程的设计过程中，往往需要形成多个设计方案，并进行初步分析，在此基础上进行外观、功能、性能等多方面的比较，从中确定最优方案作为最终设计方案，或在最优设计方案的基础上进一步调整形成最终设计方案。

BIM技术对方案设计和初步分析的支持主要体现在两个方面：一是利用基于BIM技术的方案设计软件，在设计的同时就建立基于三维几何模型的方案模型，从而可以在软件中立即以三维模型的形式直观地展现出来。设计者可以将模型展示给设计委托单位的代表进行设计方案的讨论，如果后者提出调整意见，设计者当场就可以进行修改，并进行直观的展示，从而可以加快设计方案的确定。二是支持设计者快速进行各种分析，得到所需的设计指标，例如能耗、交通情况、全生命周期成本等。如果没有BIM技术，这一工作往往需要设计人员在不同的计算机软件中分别建立不同的模型，然后进行分析。BIM技术的使用，使得在计算机软件中建立模型这一极其繁琐的工作不再必要，只要直接利用方案设计过程中建立的模型就可以了。

（2）有效支持详细设计及其分析和模拟

详细设计是对方案设计的深入，通过它形成最终设计结果。与方案设计环节类似，通过使用基于BIM技术的详细设计软件，可以高效地形成最终结果；然后，通过使用基于BIM技术的分析和模拟软件，可以高效地进行各种建筑功能和性能分析及模拟，包括日照分析、能耗分析、室内外风环境分析、环境光污染分析、环境噪声分析、环境温度分析、碰撞分析、成本能耗分析、垂直交通模拟、应急模拟等。通过多方面的定量分析和模拟，设计者可以更好地把握设计结果，并可以对设计结果进行调整，从而得到优化后的设计结果。而所有这些分析和模拟工作，由于采用BIM技术以及基于BIM技术的相应的应用软件，相对于传统的设计方法，即使设计工期很紧，也可以很从容地完成，对设计质量的提高起到十分重要的推动作用。

（3）有效支持施工图绘制

从理论上来说，一旦获得了建筑工程基于三维几何模型的BIM数据，就可以通过基于BIM技术的BIM工具软件，自动地生成二维设计图，实际上，也已经实现了这一点。多年来，绘制施工图是设计人员设计工作中最为繁重的一块，现在，使用基于BIM技术的设计软件，可以在这方面大大地解放他们，从而使得他们更好地将精力集中在设计本身上。

值得一提的是，在传统的设计中，如果发生了设计变更，设计人员需要找出设计图中所有涉及的部分，并逐个进行修改。如果利用基于BIM技术的设计软件，只需对模型进行修改，相关的修改都可以自动地进行，这就避免了修改的疏漏，从而可以提高设计质量。

（4）有效支持设计评审

在设计单位中进行的设计评审主要包括设计校核、设计审核、设计成果会签等环节。传统的设计评审是使用二维设计图完成的。如果利用 BIM 技术进行设计，设计评审都可以在三维模型的基础上进行，评审者一边直观地观察设计结果，一边进行评审。特别是进行设计成果会签前，可以利用基于 BIM 技术的碰撞检查软件，自动地进行不同专业设计结果之间的冲突检查，相对于传统的对照不同专业的二维设计图人工审核，不仅工作效率可以成倍提高，而且工作质量也可以大幅度提高。

1.1.4.3　BIM 技术对施工单位的应用价值

在建筑工程中，施工单位利用 BIM 技术同样可以获得显著的价值。施工单位利用 BIM 技术的价值主要体现在如下几个方面：

（1）有效支持减少返工

在施工过程中，施工单位需要将建筑、结构、水、暖、电、消防等各专业设计统一地加以实现。在设计结果或者各专业施工协调不充分等前提下，往往会出现不同专业管线碰撞、专业管线与主体结构部件碰撞等情况，以至于施工单位不得不砸掉已施工的部分，进行返工。应用 BIM 技术，像设计单位进行不同专业的碰撞检查一样，施工单位也可以利用基于 BIM 技术的碰撞检查软件，提前进行各专业设计的碰撞检查，从而在实际施工开始之前发现问题；或者，利用基于 BIM 技术的 4D 施工管理软件，模拟施工过程，进行施工过程各专业的事先协调，从而避免返工。

（2）有效支持工程算量和计价

传统的工程算量和计价是基于二维设计图进行的。造价工程师需要首先理解图纸，然后基于该图纸，在计算机软件中建立工程算量模型，在此基础上进行工程算量和计价。对施工单位来说，工程算量和计价需要频繁地进行，因为施工单位平均每投标 10 个项目，才有可能中标一个项目。工程算量和计价是项目投标的必要工作，而且由于准备投标的时间往往很短，而工程算量和计价涉及大量工作，所以，通过基于 BIM 技术的成本预算软件，可以直接利用项目设计 BIM 数据，省去理解图纸及在计算机中建立工程算量模型的工作，其对工程算量和计价工作的支持是显而易见的。

（3）有效支持施工计划的制订

在制订施工计划时，必须首先计划对应于每个计划单元的工程量。基于 BIM 面向对象的特性，施工单位利用基于 BIM 技术的工程算量软件，很容易通过计算机自动计算得到每个计划单元的工程量，然后可以在此基础上，根据资源均衡等原则，制订实施施工计划。

（4）有效支持项目综合管控

项目综合管控是指对项目的多个方面，包括进度、成本、质量、安全、分包等进行综合管理和控制。由于 BIM 技术基于三维几何模型，以"属性"的形式包含了各方面的信息，所以它支持信息的综合查询。例如，对于一个商业楼工程，通过基于 BIM 技术的 5D BIM 施工管理软件，可以任意查询建到某层时，需用多长时间，消耗多少资源，管理哪些工程的分包，这样一来，便于项目管理者对项目进行综合管控。

（5）有效支持虚拟装配

在传统的施工项目中，构配件的装配只能在现场进行，如果构配件在设计中存在问题，往往在现场装配时才能发现，这时采取补救措施显然会造成工期滞后，同时也浪费了很多精力。如果使用基于 BIM 技术的虚拟装配软件，则可以从设计结果的 BIM 数据中抽取一个个的构配件，并在计算机中自动进行装配，支持及早发现问题，及时补救，可以避免因构配件的设计问题造成工期滞后。

（6）有效支持现场建造活动

随着建筑工程的大型化和复杂化，图纸会变得非常复杂，给现场工人的识读带来很大困难。若使用基于 BIM 技术的施工管理软件，则可以将施工流程以三维模型的形式直观、动态地展现出来，便于设计人员对施工人员进行技术交底，也便于对工人进行培训，使其在施工开始之前充分地了解施工内容及施工顺序。

（7）有效支持非现场建造活动

随着建筑工业化的发展，很多建筑构件的生产需要在工厂中完成。这时，如果使用 BIM 技术进行设计，可以将设计结果的 BIM 数据直接送到工厂，通过数控机床对构件进行数字化加工，特别是具有复杂几何造型的建筑构件，这样可以大大提高生产效率。

1.1.4.4　BIM 技术对其他参与单位的应用价值

在工程项目建设及运营维护过程中，除开发建设单位、设计单位以及施工单位外，还有监理单位、招标代理单位、物业管理单位等参与单位。BIM 技术无疑给这些类型的参与单位也带来了应用价值。以物业管理单位为例，可以在以下两个方面充分利用 BIM 技术，实现附加价值。

① 利用竣工 BIM 数据，迅速建立物业管理数据库。目前，很多物业管理单位已经采用了信息系统，实现了物业管理信息化。但是，使用这样的系统时，首先需要建立对应于作为管理对象的物业部件的数据库，这涉及大量数据的录入。在设计和施工阶段利用 BIM 技术，可以自动识别并提取必要的数据，填入到物业管理信息系统中，节省大量人力物力的同时还能提高准确率。

② 支持物业管理用户对物业进行直观化、定量化管理，减少出错，提高工作效率。相对于传统的物业管理软件，基于 BIM 技术的设施管理软件，不仅可以显示物业设备的三维几何模型，而且可以支持基于三维几何模型的管理操作（例如打开设备开关），使得物业管理者对物业设备可以远程直观地操作，从而避免出错。另外，当需要制订设施的维护方案时，通过运用基于 BIM 技术的设施管理软件，物业管理用户可以迅速查询物业区域的面积等参量，以及设备个数等数量，在做出维护决策时能够做到心中有"数"。

1.1.5　BIM 技术的应用前景

当前信息技术蓬勃发展，建筑行业迎来了转型升级与技术创新的重要阶段，在中国制造、中国创造、中国建造共同发力的背景下，绿色施工、海绵城市、综合管廊等取得了突破性成果，建筑行业很好地实现了科技跨越。在这个过程中，BIM 技术发挥了巨大作用，但当前我国 BIM 技术尚处于应用尝试的初级阶段，伴随产业转型升级，BIM 技术将发挥巨大的技术支撑作用，从而更好地实现建筑全生命周期的精细化管理，在技术层面、组织层面不断创新，推动建筑行业高质量发展。可以预计，BIM 技术将有很好的应用前景。归纳为以下四个方面：

（1）BIM 与通信技术

无线传感器可以针对建筑内的温度、湿度、空气质量进行检测，然后再加上供热信息、通风信息等将其传至网络上，并与 BIM 模型中位置对应，为工程师们提供建筑现状分析，提供有效的数据源。随着集成电路技术的飞速发展，移动终端已经拥有了强大的处理能力，移动终端正在从简单的通话工具变为一个综合信息处理平台。基于 BIM 的运维管理与移动终端结合，使空间信息与实时数据融为一体，管理人员可以通过 3D 平台更直观、清晰地了解运维信息、实时数据等相关情况。

（2）BIM 与虚拟现实技术

虚拟现实技术（VR）提升了 BIM 技术应用效果并加速其推广应用。BIM 技术与虚拟现实技术集成应用，主要包括虚拟场景构建、施工进度模拟、复杂局部施工方案模拟、施工成本模拟、多维模型信息联合模拟以及交互式场景漫游。同时，利用虚拟现实技术可以针对不同方案把不能预演的施工过程和方法表现出来，不仅节省时间和建设投资，还增加了施工企业投标竞争力。

（3）BIM 与云计算技术

BIM 技术与云计算集成应用，是利用云计算的优势将 BIM 应用转化为 BIM 云服务。基于云计算强大的计算能力，可将 BIM 应用中计算量大且复杂的工作转移到云端，以提升计算效率；基于云计算的大规模数据存储能力，可将 BIM 模型及其相关的业务数据同步到云端，方便用户随时随地访问并与协作者共享；云计算使得 BIM 走出了办公室，用户可以在施工现场通过移动设备随时连接云服务，及时获取所需的 BIM 数据和服务，与此同时，可以帮助设计师尽快地在不同的设计和解决方案之间进行比较。

（4）BIM 与项目管理模式

基于 BIM 技术，打破现有的管理框架，发挥 BIM 技术的优势，实现应用效果的最大化。建设工程项目管理的业主方、设计方、施工方等参与单位，在设计、施工以及运行和维护等建筑全生命周期的各个阶段，使用 BIM 应用软件开展工作，提交的成果均满足 BIM 相关标准，以便实现各参与方之间的信息共享，在 BIM 应用软件及 BIM 相关标准尚不成熟的条件下，这样做是十分困难的，但是在我国的个别大项目中，已经开始了这样的尝试。集成产品开发（Integrated Product Development，IPD）模式，是基于 BIM 项目管理的未来理想模式，在该模式下，业主、设计、总包、分包等参与方通过签署协议，在设计阶段就参与到项目中，通过应用 BIM 技术进行虚拟建造，共同对设计进行改进，并共同分享收益或风险。随着 BIM 技术的广泛应用，必将出现更多成功的基于 BIM 的项目管理模式。

任务 1.2　项目界面认识及功能介绍

 任务目标

能力目标

　　能够认识操作界面上各个工具栏；

能够描述每个菜单栏选项卡的功能。

知识目标

理解操作界面上各个工具栏的作用；
掌握每个菜单栏选项卡的功能。

素质目标

提高三维软件操作能力；
提高自主学习的能力；
提升精益求精的学习态度。

二维码1.2

1.2.1 基本概念

1.2.1.1 项目文件

项目文件是 Revit 中信息存储的载体，包含了建筑的所有设计信息（从几何图形到构造数据）。这些信息包括用于设计模型的构件、项目视图、设计图纸和设计参数等。项目使用的文件扩展名为"rvt"格式，相当于 CAD 的".dwg"文件。

1.2.1.2 项目样板

项目样板为新项目提供已经预设的工作环境文件，包括视图样板、已载入的族、已定义的设置（如单位、填充样式、线样式、线宽、视图比例等）和几何图形（如果需要）。项目样板使用的文件扩展名为".rte"格式。安装后，Revit 中提供了若干样板，用于不同的规程和建筑项目类型，也可以创建自定义样板以满足特定的需要，或确保遵守相关标准。

1.2.2 新建项目

在桌面上找到软件的快捷方式，如图 1.3 所示，双击鼠标左键或右键选择"打开"来打开软件。

在 Revit 基础页面，单击左侧"项目"下的"新建"，依次单击"建筑样板"→"项目"→"确定"，如图 1.4 所示。

1.2.3 操作界面

图 1.3 软件快捷
方式图标

项目操作界面各个组成部分的名称如图 1.5 所示。

1.2.3.1 应用程序菜单

应用程序菜单提供对常用文件操作的访问，例如"新建""打开""保存""导出"和"发布"，若要查看每个菜单项的选择项，鼠标左键单击其右侧的箭头，然后在列表中单击所需的项即可。单击"文件"打开应用程序菜单，如图 1.6 所示。

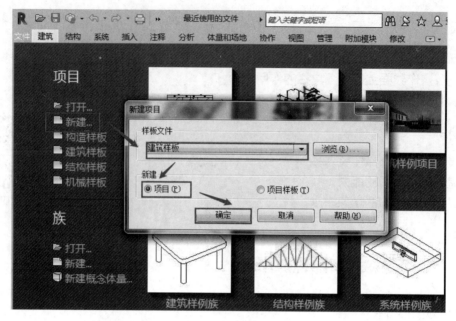

图 1.4　新建项目

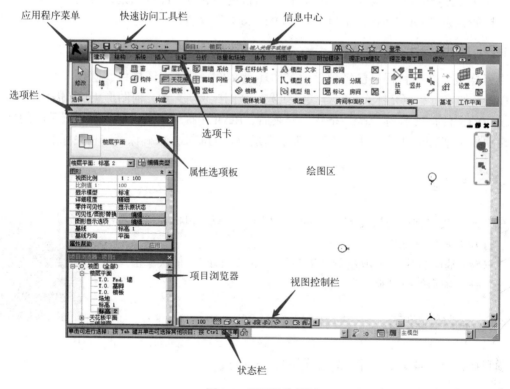

图 1.5　项目操作界面

1.2.3.2　选项卡

在创建或打开文件时，选项卡（功能区）会显示出来，如图 1.7 所示。该选项卡提供创建项目或族所需的全部工具。调整窗口的大小时，功能区中的工具会根据可用的空间自动调整大小，该功能使所有按钮在大多数屏幕尺寸下都可见。前三项"建筑""结构"和"系统"为创建模型所需要的主要模型工具，其后的"插入""注释"和"视图"等为辅助建模或项目文件管理的工具。选项卡或选项卡内的工具可能会因为安装插件或其他协作软件而产生略微变动。

图 1.6　应用程序菜单

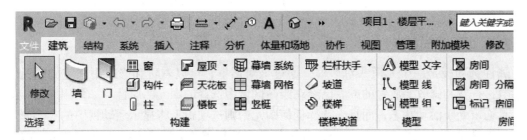

图 1.7　选项卡

1.2.3.3　上下文功能区选项卡

使用某些工具或者选择图元时，上下文功能区选项卡中会显示与该工具或图元的上下文相关的工具，如图 1.8 所示。退出该工具或清除选择时，该选项卡将关闭。

图 1.8　选中墙构件后出现的功能区

1.2.3.4　快速访问工具栏

快速访问工具栏，可以对该工具栏中显示的命令进行自定义，使其显示最常用的工具，一般默认包含了常用的"新建""打开""保存""打印"等。单击工具栏最右侧的三角按钮，将要显示的命令勾选，即可在工具栏中显示，实现快速访问，如图 1.9 所示。

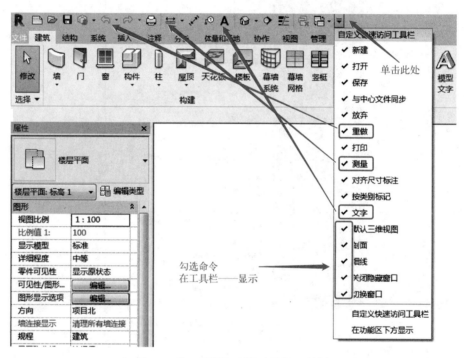

图 1.9　将工具添加到快速访问工具栏

1.2.3.5　属性选项板

属性选项板是一个无模式对话框，通过该对话框，可以查看和修改用来定义图元属性的参数，查看和修改要放置的或者已经在绘图区域中选择的图元的属性。如果用来放置图元的工具均未处于活动状态，而且未选择任何图元，则选项板上将显示活动视图的实例属性。

属性选项板主要由四部分组成，分别是类型选择器（①）、属性过滤器（②）、"编辑类型"按钮（③）和实例属性（④），如图 1.10 所示。

（1）类型选择器

类型选择器可以选择要放置在绘图区域中图元的类型，或者修改已经放置的图元的类型。

（2）属性过滤器

类型选择器的正下方是属性过滤器，该过滤器用来标识将由工具放置的图元类别，或者标识绘图区域中所选图元的类别和数量。如果选择了多个类别或类型，则选项板上仅显示所有类别或类型所共有的实例属性。当选择了多个类别时，使用过滤器的下拉列表可以仅查看特定类别或视图本身的属性，如图1.11所示。选择特定类别不会影响整个选择集。

图1.10 属性选项板

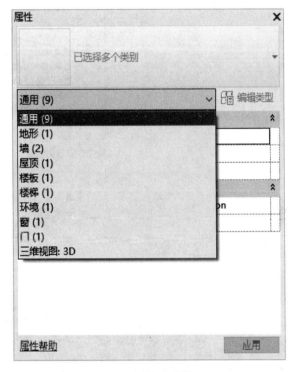

图1.11 属性过滤器

（3）"编辑类型"按钮

除非选择了不同类型的图元，否则单击"编辑类型"按钮将访问一个对话框，该对话框用来查看和修改选定图元或视图的类型属性（具体取决于属性过滤器的设置方式）。

（4）实例属性

属性选项板既显示可由用户编辑的实例属性，又显示只读（灰显）实例属性。当某属性的值由软件自动计算或赋值，或者取决于其他属性的设置时，该属性可能是只读属性。例如，只有当墙的"墙顶定位标高"属性值为"未连接"时，其"无连接高度"属性才可以编辑。

1.2.3.6 项目浏览器

项目浏览器用于显示当前项目中所有视图、明细表、图纸、族、组和其他部分的逻辑层次。展开和折叠各分支时，将显示下一层项目，如图1.12所示。

如果在操作过程中关闭了"属性"选项板或"项目浏览器"等面板，可以通过选择

"视图"选项卡→"用户界面"下拉栏，勾选缺失的面板，如图 1.13 所示。

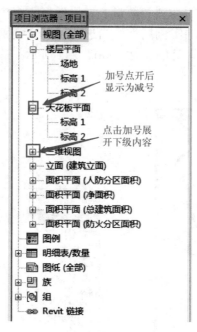

图 1.12　项目浏览器

图 1.13　"属性"选项板或"项目浏览器"等面板显示设置

1.2.3.7　视图控制栏

视图控制栏可以快速访问影响当前视图的功能，位于视图窗口底部，状态栏的上方，如图 1.14 所示。

1 : 100															<

图 1.14　视图控制栏

用户可以快速设置当前视图的"比例""详细程度""视觉样式""打开 / 关闭日光路径""打开 / 关闭阴影""打开 / 关闭裁剪区域""显示 / 隐藏裁剪区域""临时隐藏 / 隔离"以及"显示隐藏的图元"等选项。通过点击相应的按钮，可以快速对影响绘图区域功能的选项进行视图控制。

1.2.3.8　状态栏

状态栏在应用程序窗口底部显示。使用某一工具时，状态栏会提供相应的提示，如图 1.15 所示。高亮显示图元或构件时，状态栏会显示族和类型的名称。

单击可进行选择; 按 Tab 键并单击可选择其他项目; 按 Ctrl 键并单击可将新项目添加到选择!

图 1.15　状态栏

1.2.3.9　选项栏、信息中心

选项栏在没有进行任何操作的时候不显示任何内容，但当选择某个图元时，它便会显示出相应的参数或者选项。信息中心对应的是检索、帮助和账户等工具，二者位置如图 1.16 所示。

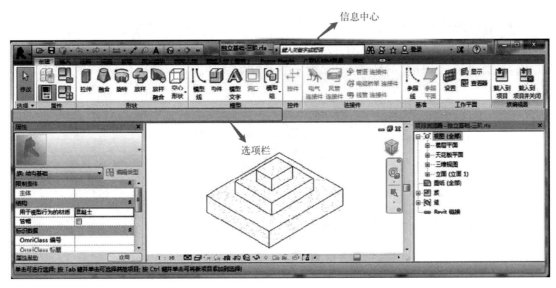

图 1.16　选项栏、信息中心位置

1.2.3.10　绘图区

绘图区位于项目界面的中心位置，用以显示当前模型的视图（以及图纸和明细表）。每次打开模型中的某个视图时，该视图会显示在绘图区域中。如图 1.17 所示为绘图区。

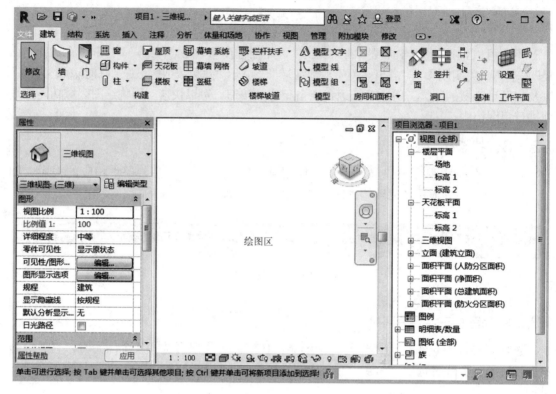

图 1.17　绘图区

（1）在绘图区里的常用工具

视图方块（View Cube）：视图方块默认位于三维视图绘图区的右上角，使用视图方块可以导航三维视图。此导航工具可提供有关当前模型方向的直观反馈，并允许调整模型视点，如图 1.18 所示。

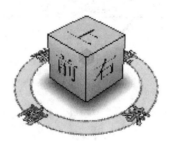

图 1.18　视图方块（View Cube）

全导航控制盘：全导航控制盘位于所有视图中（不论大小），包含常用的三维导航工具，用于查看对象和巡视建筑，如图 1.19 所示。

（2）在绘图区里的常用操作

按住鼠标滚轮拖动页面：按住鼠标滚轮的时候光标会变成一个带箭头的小十字✥，通过拖动绘图区页面来平移视图。

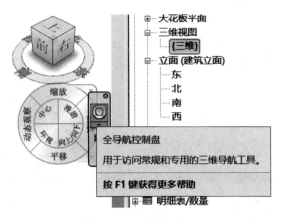

图 1.19　全导航控制盘

"Shift+鼠标滚轮"旋转视角（三维视图下）：同时按住"Shift+鼠标滚轮"的时候会变成一个带旋转图案的标识 ，这时可以旋转绘图区视角，方便从各个方向观察模型。

"Tab"键切换选择临近图元（静止状态下）：当多面墙或多条线在一个公共点连接时，可以使用"Tab"键选择图元。将光标放置在某面墙或某条线上或其附近，按一下"Tab"键，Revit 将高亮显示距离光标最近的图元，再次按下"Tab"键，Revit 将高亮显示距离光标第二近的图元，以此类推，但只限于相邻近的图元。

滚动鼠标滚轮缩放页面：滚动鼠标滚轮可以放大或缩小视图，鼠标指针的位置即为缩放的中心。

任务拓展（"1+X" BIM 职业技能训练）

了解样板文件的选择和应用。

1.2.4　样板文件选择

创建项目时一般都是把已经设定好的项目样板文件拿来直接进行创建，例如在新建项目时所弹出来的对话框里可找到"构造样板""建筑样板""结构样板""机械样板"四种默认的项目样板，如图 1.20 所示，也可以选择对话框右侧的"浏览"来选择其他默认或已经设定好的在不同路径下的样板文件，如图 1.21 所示。

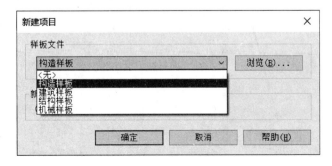

图 1.20　新建项目样板文件选择

除此之外，依次点击应用菜单栏"选项"→"文件位置"可以找到项目样板文件的默认储存位置以及其他常用文件的默认储存位置，如图1.22所示。这里的"选项"相当于平时的"设置"功能，里面包含常规的"文件保存间隔提醒""用户界面配置""快捷键设置""背景颜色设置"等。

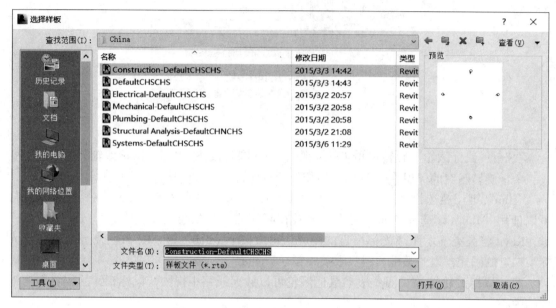

图1.21 通过"浏览"选择项目样板文件

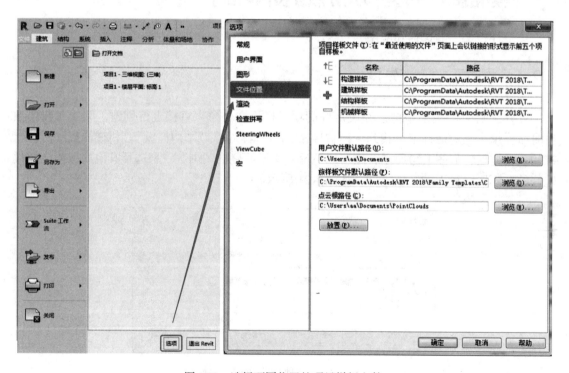

图1.22 选择不同位置的项目样板文件

桥梁工程 BIM 建模技术

任务 1.3 族介绍及五种建模方法

任务目标

能力目标

能够使用模型的五种建模方法；

能够使用空心模型对实心模型进行剪切；

会进行参照平面的应用。

知识目标

学习使用"拉伸""融合""旋转""放样""放样融合"五种建模方式；

学习使用空心模型对实心模型进行剪切；

学习使用参照平面对模型进行约束。

素质目标

提高二维空间想象能力；

提高科技创新能力；

培养专业兴趣。

二维码 1.3

1.3.1 基本概念

1.3.1.1 族分类

Revit 有三种类型的族，分别是系统族、内建族和可载入族。

（1）系统族

系统族是已经在项目中预定义并只能在项目中进行创建和修改的族类型，例如墙、楼板、天花板、轴网、标高等。它们不能作为外部文件载入或创建，但可以在项目和样板间复制、粘贴或者传递系统族类型，如图 1.23 所示。

图 1.23 系统族

（2）内建族

内建族只能储存在当前的项目文件里，不能单独存成".rfa"文件，也不能用在别的项目文件中。通过内建族的应用，可以在项目中实现各种异形构件的创建以及导入其它三维软件创建的三维实体模型。同时再通过设置内建族的族类别，还可以使内建族具备相应族类别的特殊属性，并对应于明细表的分类统计，内建族的命令如图 1.24 所示。

图 1.24　内建族

（3）可载入族

可载入族是使用族样板在项目外创建的格式为".rfa"的文件，可以载入到项目中，具有高度可自定义的特征，因此可载入族是用户最经常创建和修改的族。可载入族包括在建筑内和建筑周围安装的建筑构件，例如窗、门、橱柜、装置和家具等。此外，它们还包含一些常规自定义的注释图元，例如符号和标题栏等。创建可载入族时，需要使用软件提供的族样板，样板中包含有关要创建的族信息。

1.3.1.2　图元类别

图元类别是用于对建筑设计进行建模或记录的。例如，Revit 中模型图元的类别：机械设备、风道末端；注释图元的类别：标记、文字注释。

1.3.1.3　族

族是某一类别中图元的类。族根据参数（属性）集的共用程度、使用上的相同程度和图形表示的相似程度来对图元进行分组。一个族中不同图元的部分或全部属性可能有不同的值，但是属性的设置（其名称与含义）是相同的。文件后缀名为".rfa"。

1.3.1.4　类型

每一个族都可以拥有多个类型。类型可以是族的特定尺寸，例如"300mm×420mm"或"ϕ800mm"等。类型也可以是样式，例如"对齐样式""角度样式""直径样式"等不同样式的尺寸标注。

以"柱"为例，"柱"是一个图元类别，其下可分为"圆柱"与"矩形柱"等族，在其下又可分为"圆柱 ϕ450mm""矩形柱 450mm×600mm"等作为单独个体的类型，如图 1.25 所示。

1.3.1.5　参照平面

可以使用"参照平面"工具来绘制参照平面，以用作设计参照。参照平面在创建族时是一个非常重要的部分。参照平面会出现在为项目所创建的每个新平面视图中，但不会显示为模型。

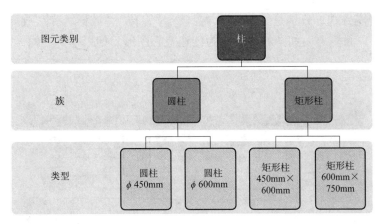

图 1.25　柱图元类别、族、类型

Revit 族文件空间的组成如同一个三维空间直角坐标系，由水平向平面（参照标高）、横向平面（前 / 后）和纵向平面（左 / 右）三个平面组成空间，如图 1.26 所示。

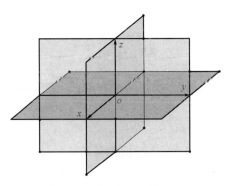

1.3.2　新建常规模型族文件

在 Revit 的基础页面，单击左侧"族"下的"新建"，在弹出的页面上单击"公制常规模型"→"打开"，如图 1.27 所示。

图 1.26　三维空间直角坐标系

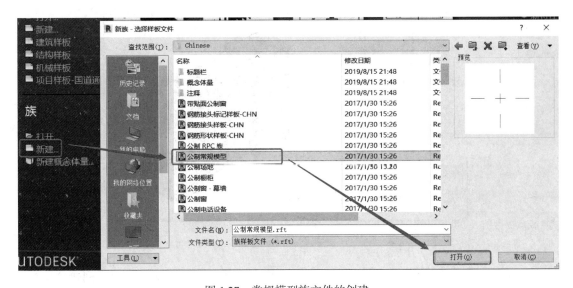

图 1.27　常规模型族文件的创建

1.3.3 族的五种建模方式

族有五种建模方式，分别是"拉伸""融合""旋转""放样"和"放样融合"。模型既可以是实心也可以是空心，如图1.28所示为创建空心图形。如果是空心的，需配合剪切命令使用。

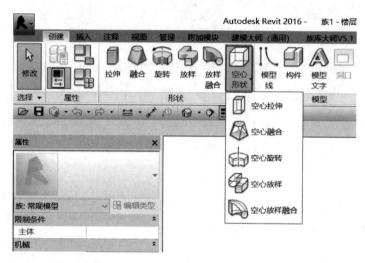

图 1.28 创建空心图形

1.3.3.1 拉伸建模

拉伸建模用于通过拉伸二维形状（轮廓）来创建三维实心（空心）形状。绘制二维图形后，经过在高度上进行拉伸，可以形成三维图形，如图1.29所示。

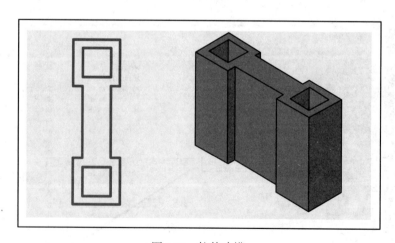

图 1.29 拉伸建模

依次点击"创建"选项卡→"拉伸"，在选项卡栏的末尾会弹出"修改 | 创建拉伸"选项卡，如图1.30所示。

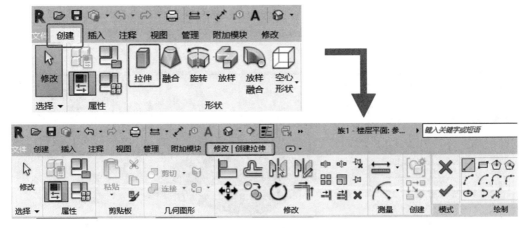

图 1.30　"修改 | 创建拉伸"选项卡

在"绘制"模块中左键单击选择一种绘制方式，例如"矩形"，再到绘图区进行矩形的绘制，左键单击一下确定起点，挪动鼠标确定终点位置，再次左键单击，完成矩形草图的绘制，如图 1.31 所示，轮廓草图一定要闭合。

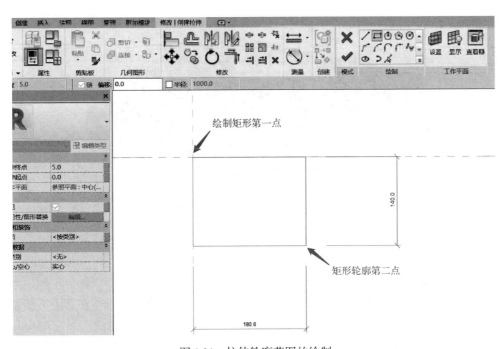

图 1.31　拉伸轮廓草图的绘制

完成草图绘制之后，在"模式"模块中左键单击"对勾"完成创建。

在"项目浏览器"中选择"三维视图"→"视图 1"，来到三维视图，观察模型。可以从左侧"属性"栏的"拉伸起点"和"拉伸终点"看到模型创建完成时给予的默认高度为250mm，如图 1.32 所示。

滚动滚轮放大页面，可以看到创建的矩形每个面上都有一个三角形，可以拖动三角形来调整模型的大小；中间的小"#"号是"取消关联工作平面"，作用是将模型关联在参照平

面上，依照具体使用情况进行取消，如图1.33所示。双击模型边缘即可回到"修改 | 编辑拉伸"页面。

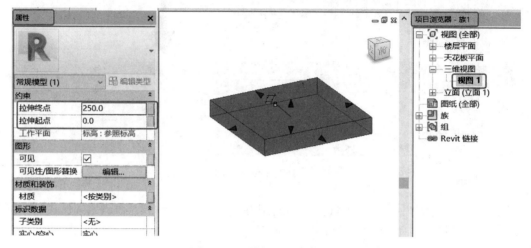

图1.32　三维视图观察模型

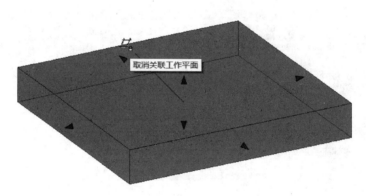

图1.33　取消模型关联工作平面

1.3.3.2　融合建模

融合建模用于创建实心（空心）三维形状，该形状将沿其长度发生变化，从起始形状融合到最终形状。该工具可以融合两个轮廓，例如，如果绘制一个六边形并在其上方绘制一个圆形，则将创建一个三维形状，将这两个草图融合在一起，如图1.34所示。

单击"创建"选项卡→"融合"，在选项卡栏的末尾会弹出"修改 | 创建融合底部边界"选项卡，如图1.35所示。

"修改 | 创建融合底部边界"选项卡默认绘制的是模型的底部，在"绘制"模块里选取"矩形"工具绘制一个矩形作为底部轮廓草图，如图1.36所示。

底部轮廓草图绘制完成后，绘制顶部轮廓草图，在"修改 | 创建融合底部边界"选项卡中选择"编辑顶部"，如图1.37所示。

选项卡的名称变为了"修改 | 创建融合顶部边界"。同样绘制一个闭合的轮廓草图作为顶部轮廓草图，如图1.38所示。

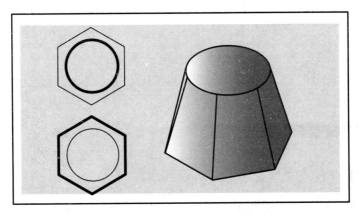

图 1.34 融合建模

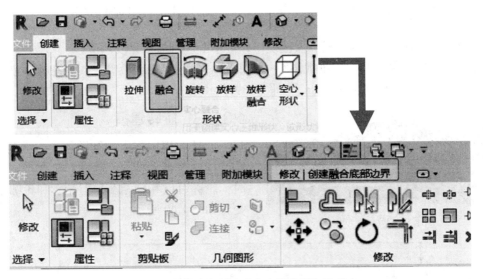

图 1.35 "修改|创建融合底部边界"选项卡

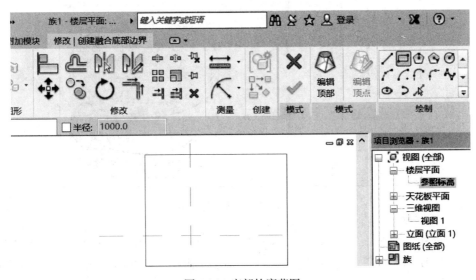

图 1.36 底部轮廓草图

图 1.37　"编辑顶部"

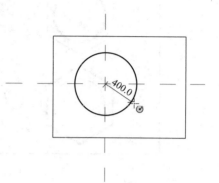

图 1.38　顶部轮廓草图

完成草图绘制之后，在"模式"模块中左键单击"对勾"完成创建。

在项目浏览器中选择"三维视图"→"视图 1"，观察三维模型，同样在模型创建完成时软件自动给予了默认高度 250mm，如图 1.39 所示。

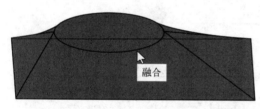

图 1.39　融合模型

1.3.3.3　旋转建模

旋转建模用于通过绕轴放样二维形状（轮廓）创建三维形状。绘制轴和轮廓来创建模型时，轮廓可以和轴相交，但轮廓和轮廓不能相交，如图 1.40 所示。

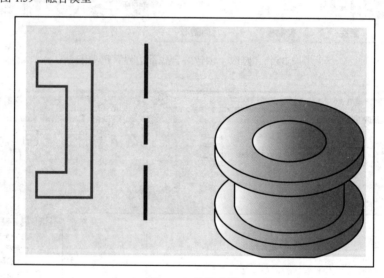

图 1.40　旋转建模

单击"创建"选项卡→"旋转"，在选项卡栏的末尾会弹出"修改｜创建旋转"选项卡，如图 1.41 所示。可以看到在"绘制"模块左侧多出了"边界线"和"轴线"，默认是处在绘制"边界线"状态下。

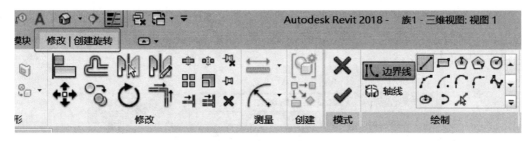

图 1.41　修改│创建旋转界面

创建轴线，在"绘制"模块中选择"轴线"，这里有"直线"和"拾取线"两种绘制方法，如图 1.42 所示。

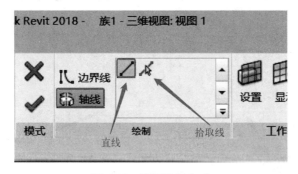

图 1.42　轴线绘制方式

在项目浏览器里选择"立面"→"前"来到前立面，在绘制里选择"直线"进行绘制，如图 1.43 所示。

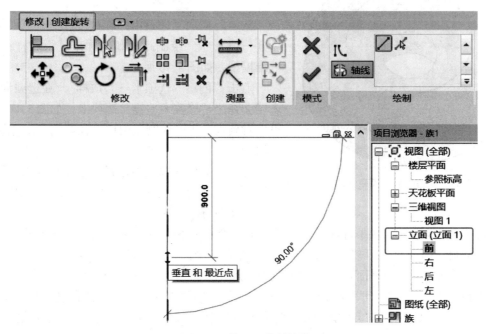

图 1.43　前立面绘制轴线

绘制完轴线后，重新选择"边界线"，进行轮廓草图的绘制，同样在绘制模块里选择合适的工具，例如"六边形"，在一侧进行绘制，然后在"模式"模块中左键单击"对勾"完成创建，如图1.44所示。

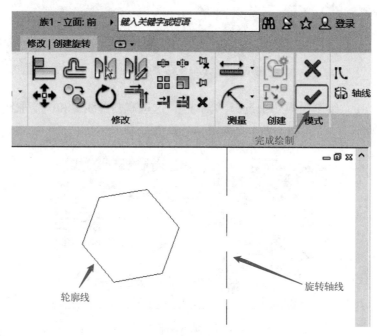

图1.44 轮廓草图绘制完成

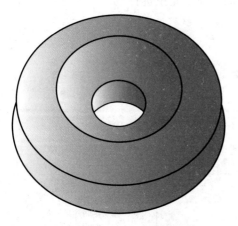

图1.45 旋转模型三维模式图

在三维模式下进行观察，如图1.45所示。

1.3.3.4 放样建模

放样建模用于通过沿路径放样二维形状（轮廓）创建三维形状。绘制路径和轮廓来进行放样，创建三维模型，如图1.46所示。

点击"创建"选项卡→"放样"，在选项卡栏的末尾会弹出"修改 | 放样"选项卡，如图1.47所示。可以看到没有了"绘制"模块，在右侧多出"放样"模块。

先在"放样"模块中选择"绘制路径"，可以看到选项卡的名称变为了"修改 | 放样 > 绘制路径"，如图1.48所示。

同样在"绘制"模块中选择一个合适的工具绘制一条曲线路径，如图1.49所示。

在绘制完路径之后可以看到在"路径"上有一个点作为中心并延伸出一个参照平面，这个参照平面叫"参照平面：轮廓平面"，之后要在这个参照平面上绘制轮廓。

选择"对勾"，回到"修改 | 放样"，可以看到右侧轮廓部分的选项亮起。如图1.50所示，可以选择"编辑轮廓"直接进行绘制，也可以载入已经绘制好的轮廓直接生成。

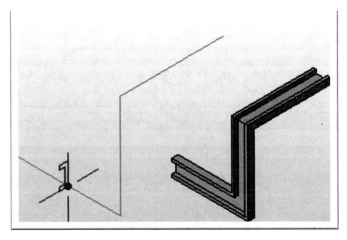

图 1.46　放样建模

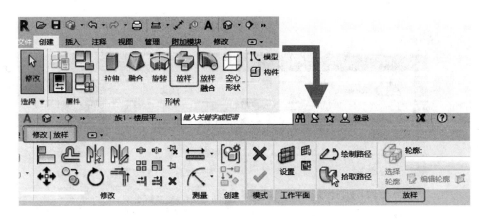

图 1.47　"修改 | 放样"选项卡

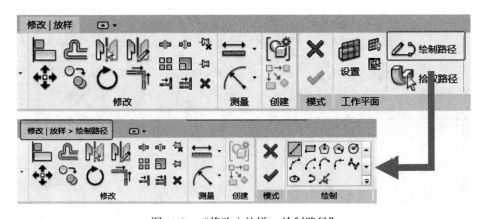

图 1.48　"修改 | 放样 > 绘制路径"

选择"编辑轮廓"，可以看到选项卡的名称变为了"修改 | 放样 > 编辑轮廓"，使用"绘制"模块中的工具绘制闭合轮廓草图，如图 1.51 所示。

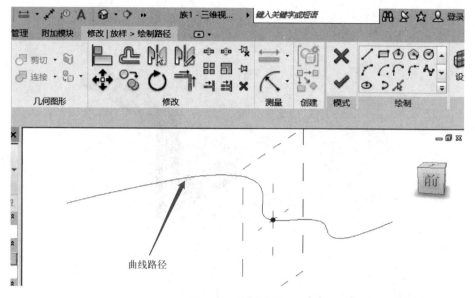

图 1.49　绘制路径

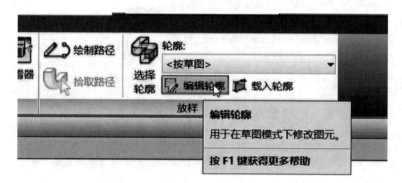

图 1.50　编辑轮廓

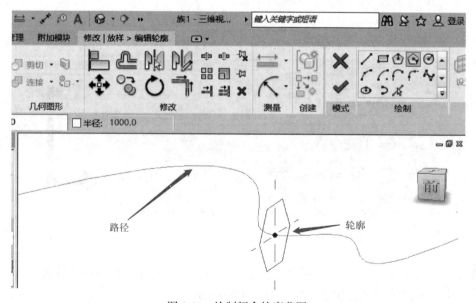

图 1.51　绘制闭合轮廓草图

选择"对勾"，回到"修改丨放样"，然后再次选择"对勾"，完成放样，观察模型，如图 1.52 所示。

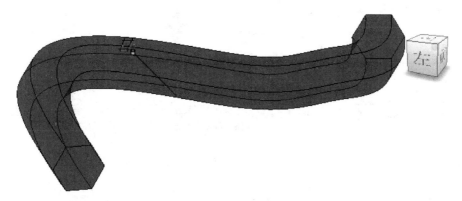

图 1.52　三维模型图

1.3.3.5　放样融合建模

放样融合建模用于创建一个融合，以便沿定义的路径进行放样。放样融合的形状由起始形状、最终形状和指定的二维路径确定，如图 1.53 所示。

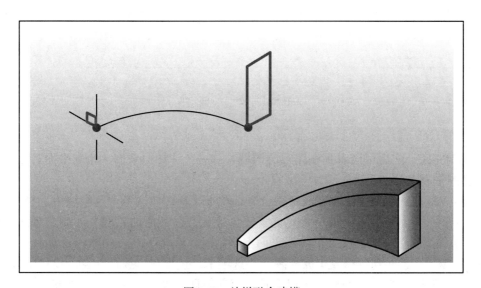

图 1.53　放样融合建模

选择"创建"选项卡→"放样融合"，在选项卡栏的末尾会弹出"修改丨放样融合"选项卡，如图 1.54 所示。"绘制"模块消失，在右侧多出"放样融合"模块。

"放样融合"与"放样"基本相似，只不过将放样的一个"参照平面：轮廓平面"变更为起始位置与终点位置两个。先在"放样融合"模块中选择"绘制路径"，可以看到选项卡的名称变为了"修改丨放样融合 > 绘制路径"，接着在"绘制"中选择一个合适的工具绘制一条路径，如图 1.55 所示。

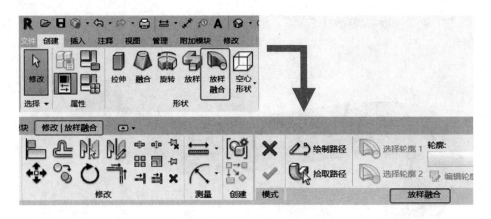

图 1.54　"修改｜放样融合"选项卡

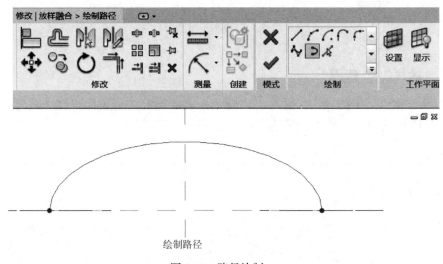

绘制路径

图 1.55　路径绘制

在绘制完路径之后可以看到在路径的两端各有一个"参照平面：轮廓平面"，之后要在这两个参照平面上分别绘制轮廓。

选择"对勾"，回到"修改｜放样融合"选项卡，在"放样融合"模块中选择"选择轮廓 1"，再选择"编辑轮廓"，有一侧的轮廓平面亮起，另一侧的轮廓平面变灰且无法选中。此时选择合适的绘制工具在亮起的轮廓平面上绘制闭合轮廓草图，如图 1.56 所示。

选择"对勾"，回到"修改｜放样融合"选项卡，这里在"放样融合"模块中选择"选择轮廓 2"，再选择"编辑轮廓"，可以看到之前变灰且无法选中轮廓平面亮起，选择合适的绘制工具继续在亮起的轮廓平面上绘制闭合轮廓草图，如图 1.57 所示。

选择"对勾"，回到"修改｜放样融合"选项卡，然后再次选择"对勾"，完成放样融合的创建，观察模型，如图 1.58 所示。

1.3.4　空心剪切

空心模型与实心模型的创建方法一致，位于"创建"选项卡五种建模方法的末尾下拉栏里，如图 1.59 所示。

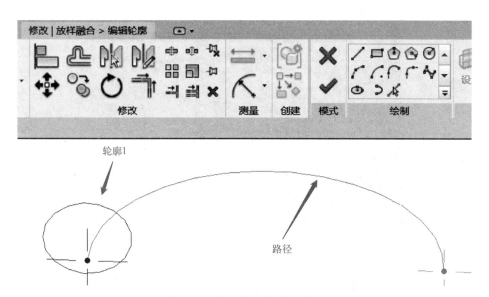

图 1.56　绘制闭合轮廓 1 草图

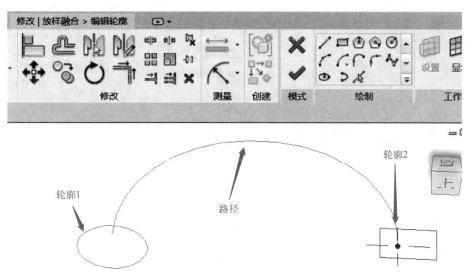

图 1.57　绘制闭合轮廓 2 草图

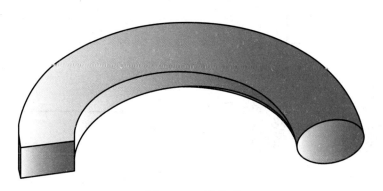

图 1.58　三维模型

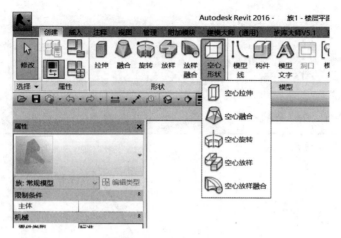

图 1.59 空心模型创建命令

空心模型主要用于剪切实心模型。用空心模型剪切已创建完成的实心模型，需要点击"剪切"命令，如图 1.60 所示。

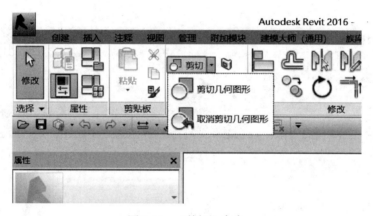

图 1.60 "剪切"命令

对实心模型进行剪切需要先绘制一个实心模型，在完成实心模型的绘制后，直接绘制需要的空心模型，如图 1.61 所示，再点击"对勾"，系统会自动完成剪切，如图 1.62 所示。

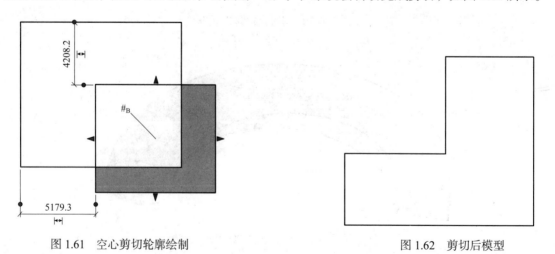

图 1.61 空心剪切轮廓绘制

图 1.62 剪切后模型

任务拓展（"1+X" BIM 职业技能训练）

1.3.5 尺寸标注

使用"修改"选项卡中的"测量"工具，如图 1.63 所示，或使用"注释"选项卡上"尺寸标注"模块中的工具，如图 1.64 所示，可以对模型进行标注，二者效果一样。

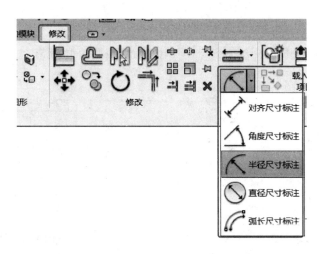

图 1.63 "测量"工具

图 1.64 "尺寸标注"模块中的工具

例如：使用"尺寸标注"模块的"对齐"工具测量两个参照平面间的距离，如图 1.65 所示。

"对齐"工具在测量三个实例间距离时，可以使用"EQ 等距"使两段间距相等，如图 1.66 所示。

点击带斜杠的"EQ"符号，即可让两段间距相等并锁定，如图 1.67。

1.3.6 融合建模测量工具标注

根据图 1.68 给定的尺寸标注，新建常规模型族文件，利用融合命令创建模型，并使用测量工具进行尺寸标注。（第 1 期 BIM 技能等级考试一级）

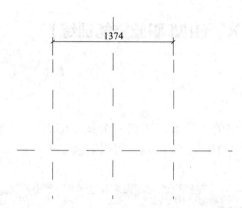

图 1.65 "对齐"工具测量两个参照平面间的距离

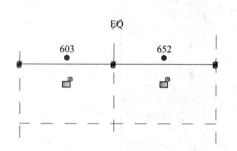

图 1.66 EQ 等距

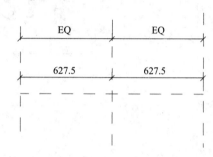

图 1.67 锁定

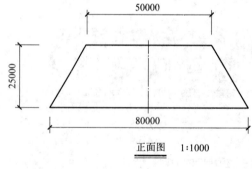

正面图 1:1000

侧面图 1:1000

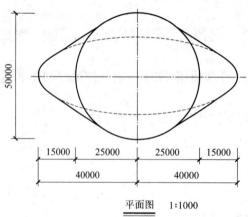

平面图 1:1000

图 1.68 试题图纸（单位：mm）

任务 1.4　工程识图及建模前准备

任务目标

能力目标

能够叙述工程图纸的基本内容；

能够制订基本建模计划。

知识目标

理解工程图纸的基本内容；

学习制订基本建模计划的方法。

素质目标

培养全方位思考的意识；

培养严谨认真的工作态度；

提升软件应用的逻辑思维。

二维码 1.4

1.4.1　基本概念

桥梁一般由上部结构（也称桥跨结构）、下部结构、附属设施等基本部分组成。桥梁上部结构是承担荷载、跨越障碍的主要承重结构。它的作用是承担上部结构所受的全部荷载，并通过支座传递给下部结构，主要包括主梁、横隔梁、拱桥中的主拱圈、桁架桥中的主桁等。桥梁下部结构是桥墩、桥台及桥梁基础的总称，其作用是支承桥跨结构并将荷载传递至地基。桥梁附属设施包括桥面系、桥头搭板、护坡、导流堤等。桥面系一般由桥面铺装、栏杆（防撞墙）、人行道、伸缩缝、照明系统等组成。桥梁结构如图 1.69 所示。

1.4.2　工程图纸分析

（1）平面位置图

平面位置图是建筑物布置方案的一种简明图解形式，用以表示建筑物、构筑物、设施、设备等的相对平面位置。可以看到道路名称、道路桩号、高程点、指北针、图例、注释等，详见 ×× 工程施工图设计图纸：桥位平面 S-02。

图 1.70 为桥位平面 S-02 部分截图，图中左侧带点的数字为高程点；"北京 ×××× 制造有限公司"为地图上实际存在地址；中间的三角标为指北针，用于确定项目正确方位；最右侧注释用于说明图纸图形无法表达的内容，看图要注意图纸注释里写明的单位。

图 1.69 桥梁结构图

图 1.70 桥位平面 S-02 部分截图

（2）桩位坐标平面图

桩位坐标平面图详细记载了桥梁桩基的具体坐标位置和轴线，方便施工放样测量及复核。桩位坐标平面图图 1.71 上纵向有"⓪、①、②、③"四条轴网和一条中心位置轴网，每条轴网都带有各自桩号；横向有三条轴网，其中一条也是中心位置轴网；两条中心轴网相交位置是项目中心，并带有 X、Y 轴坐标与相交角度 50°；轴网相交位置的圆圈是"桩基"，并标有桩基编号（例如：P0-1）与下方桩位坐标表相对应，如图 1.71 所示。更多桩位坐标信息详见 ×× 工程施工图设计图纸：桩位坐标 S-03。

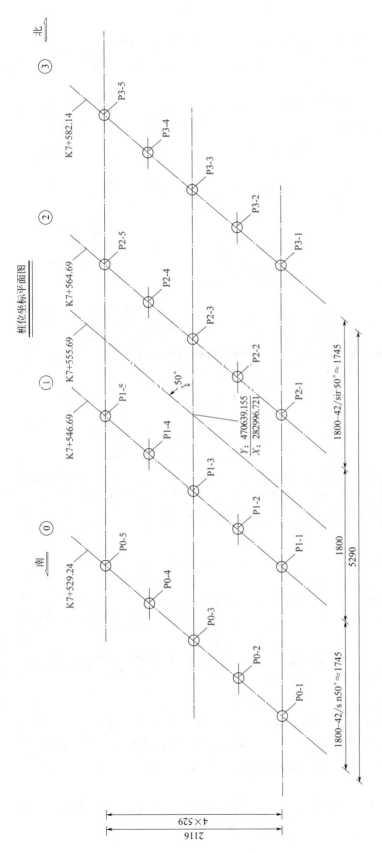

桩位坐标平面图

桩位坐标表

桩序号	X坐标	Y坐标
P0-1	282961.277	470649.468
P0-2	282965.750	470644.215
P0-3	282970.224	470638.962
P0-4	282974.697	470633.709
P0-5	282979.171	470628.455

桩序号	X坐标	Y坐标
P1-1	282978.724	470649.595
P1-2	282983.197	470644.342
P1-3	282987.671	470639.089
P1-4	282992.145	470633.835
P1-5	282996.618	470628.582

桩序号	X坐标	Y坐标
P2-1	282996.724	470649.726
P2-2	283001.197	470644.473
P2-3	283005.671	470639.220
P2-4	283010.144	470633.966
P2-5	283014.618	470628.713

桩序号	X坐标	Y坐标
P3-1	283014.172	470649.853
P3-2	283018.646	470644.600
P3-3	283023.119	470639.346
P3-4	283027.593	470634.093
P3-5	283032.067	470628.840

图 1.71 桩位坐标平面图、坐标表（坐标高位以 m 计，其余以 cm 计）

（3）总体布置图

总体布置图详细介绍了桥梁纵断面地质情况，不同形式的标准横断面图，平面视图以及相对应的平面曲线参数和竖曲线参数。详见××工程施工图设计图纸：总体布置S-04。

在立面图图1.72中从上往下可以看到"⓪、①、②、③"四条轴网；桥梁全长6404cm；桥梁结构是3×1800cm预应力混凝土宽腹T梁；起终点道路中线高程；水位及设计河底高程；桥下桩基地质情况和桩底标高，以及最左侧高程尺。

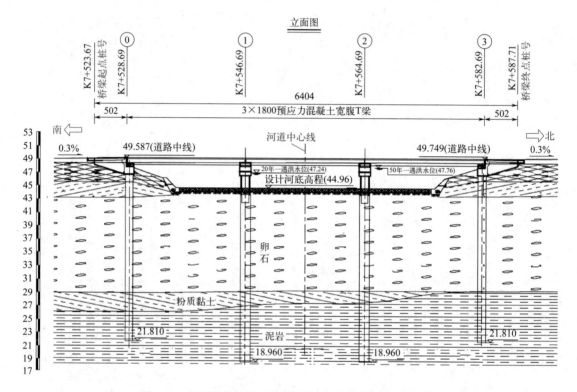

图1.72　立面图（高程、里程桩号以m计，其余以cm计）

在平面图图1.73中，从上往下可以看到桥梁平面图和下方相对应的直线及平曲线要素表，表内包含"桩号""道路中线设计高程""坡度""地面高程""直线及平曲线"数据等重要参数。

在标准横断面图图1.74中，可以看到上部结构桥梁横断面、桥面系上的车道划分情况、桥面材料构成，下部及基础结构的样式，见图1.74。

（4）T梁典型横断面布置图

T梁典型横断面布置图详细展示了上部结构（包括桥面系）梁端和跨中两个不同位置的标准横断面尺寸和桥面车道划分情况。如图1.75所示为T梁典型横断面布置图部分截图，更多信息详见××工程施工图设计图纸：T梁典型横断面布置S-05。

（5）T梁一般构造图

一般构造图指混凝土构造图，内容分为平面、立面、剖面、大样图、工程数量表和注释，详见××工程施工图设计图纸：T梁一般构造S-06。

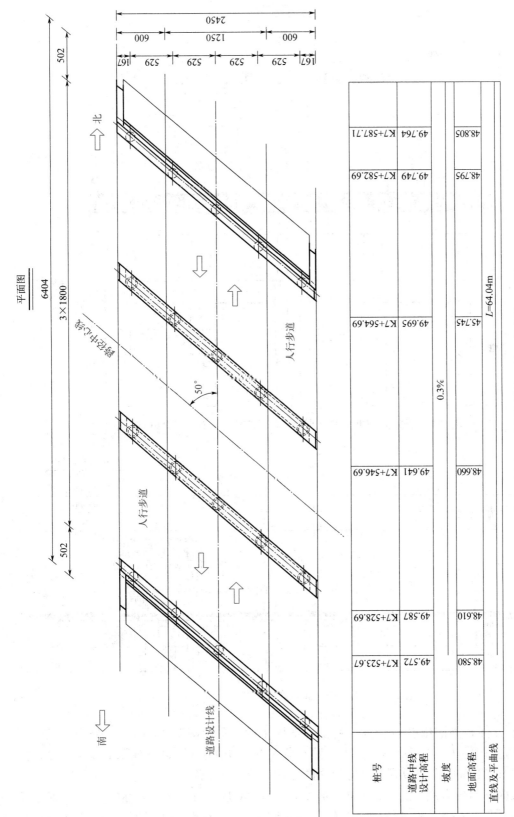

图 1.73 平面图（高程、里程桩号以 m 计，其余以 cm 计）

桩号	K7+523.67	K7+528.69		K7+546.69	K7+564.69		K7+582.69	K7+587.71
道路中线设计高程	49.572	49.587		49.641	49.695		49.749	49.764
坡度					0.3%			
地面高程	48.580	48.610		48.660	48.745		48.795	48.805
直线及平曲线					$L=64.04$m			

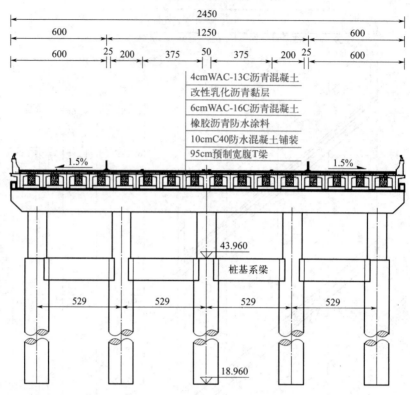

图 1.74　桥墩标准横断面图（高程、里程桩号以 m 计，其余以 cm 计）

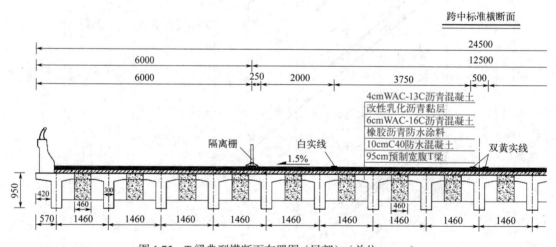

图 1.75　T 梁典型横断面布置图（局部）（单位：mm）

为了方便查阅图纸有时会进行精简，把原来的"平面图""立面图"分为"半平面图""半立面图"（图中只展示了一半，另一半从"对称中心线"自行对称），部分尺寸标注会变成例如"18000/2"的实际尺寸除以 2 的样式，请注意计算。

T 梁横断面分为跨中横断面与梁端横断面，跨中对应位置就是"对称中心线"，而梁端对应梁的桥墩中心线或伸缩缝中心位置。如图 1.76 所示，横断面图案填充部分为现浇湿接缝，与横隔板和翼板相连。

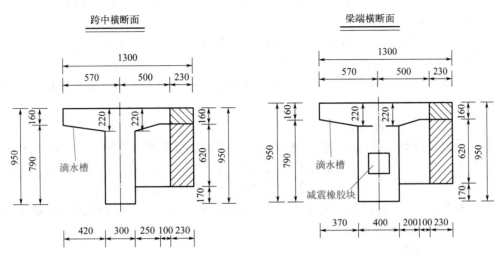

图 1.76　跨中横断面与梁端横断面（单位：mm）

大样图是为了展示详细构造进行放大的图，如图 1.77 所示，梁端部分有一个圆圈标注为"A"，在箭头指向方向为放大后的"A 大样"，在其中进行了详细的文字注释和尺寸标注。A 下有记录材料数量的工程数量表分别为"一片边梁工程数量表"和"全桥边梁工程数量表"，显示了项目、数量、材料和工程量。

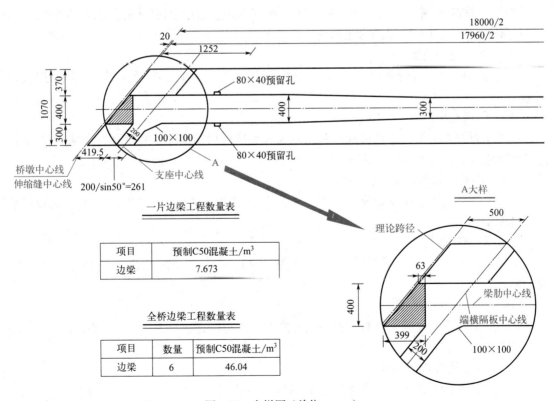

一片边梁工程数量表

项目	预制C50混凝土/m³
边梁	7.673

全桥边梁工程数量表

项目	数量	预制C50混凝土/m³
边梁	6	46.04

图 1.77　大样图（单位：mm）

（6）桥墩一般构造图

展示下部结构到基础结构的大致结构样式和部分参数，详见××工程施工图设计图纸：桥墩一般构造 S-14。

下部结构到基础结构的结构样式三视图，主要包含盖梁、墩柱、桩基系梁和桩基。标高用"H"表示，截面图读取应结合平面图的剖面符号，如图 1.78 所示。

盖梁、墩柱和桩基的参数表，包含与三视图相对应的标高，墩柱和桩基的尺寸参数，如图 1.79 所示。

（7）桥墩挡块及垫石构造图

垫石设置于桥台、墩顶部与支座连接部分，多为混凝土现场浇筑；挡块是桥面两边为了防止落梁而设置的块状墙。若想增强桥梁抗震能力，可在各梁间设置挡块，防止梁的横向移动。详见××工程施工图设计图纸：桥墩挡块及垫石构造 S-19。

平面图上画出 A 大样进行详细描述，另附加侧面图详细描述挡块和支座与上部结构 T 梁的连接方式，如图 1.80 所示。

（8）桥台一般构造图

桥台位于桥梁起终点位置，与桥墩一般构造图一样展示下部结构到基础结构的大致结构样式和部分参数。详见××工程施工图设计图纸：桥台一般构造 S-20。

（9）桥台搭板一般构造图

展示搭板的尺寸和搭板与桥台的连接方式，如图 1.81 所示。更多信息详见××工程施工图设计图纸：桥台搭板一般构造 S-27。

（10）防撞护栏构造图

防撞护栏构造图除了描述混凝土构造外，还可以描述其他构件的大样图和钢筋布置情况，有牛角形构件大样、预埋件大样和泄水管。详见××工程施工图设计图纸防撞护栏构造 S-31。

（11）伸缩缝构造图

桥梁跨间桥面铺装处伸缩缝详细构造图详见××工程施工图设计图纸：伸缩缝构造 S-32。

（12）隔离栅构造图

总体立面图为一页，之后栏片与底座各为一页进行详细描述，共三页。详见××工程施工图设计图纸：隔离栅构造 S-33。

（13）河底护砌及挡墙护坡构造图

项目内地形地貌现状及新建示意图。详见××工程施工图设计图纸：河底护砌及挡墙护坡构造 S-34。

（14）检修梯道构造图

展示用于维护桥梁所使用的梯道的构造图。详见××工程施工图设计图纸：检修梯道构造 S-35。

（15）道路顺接构造图

道路桥梁修建完成后如果有高程抬高或降低需进行顺接。详见××工程施工图设计图纸：道路顺接构造 S-36。

（16）路口无障碍设计图

为保障不便群体出行，须按规定进行无障碍设施建设。详见××工程施工图设计图纸：路口无障碍设计 S-37。

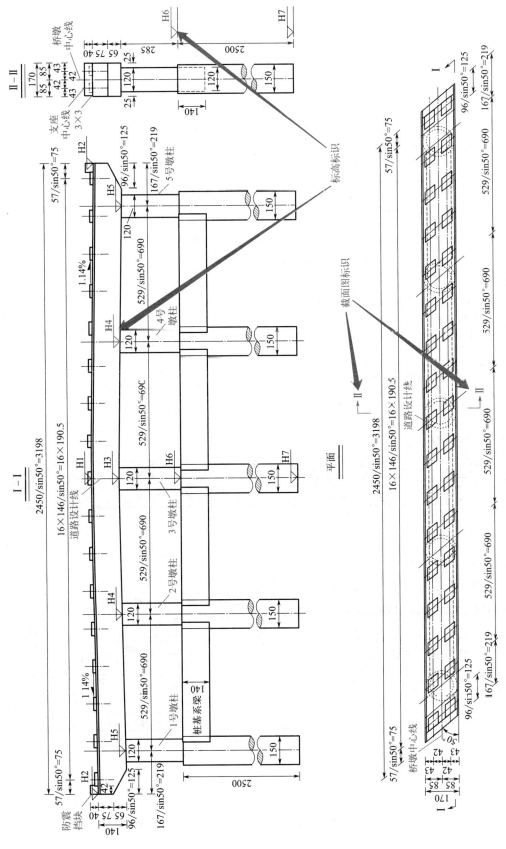

图 1.78 标高与截面图标识（标高以 m 计，其余以 cm 计）

1号墩盖梁参数表	
盖梁顶标高/m	
H1	48.291
H2	48.109

2号墩盖梁参数表	
盖梁顶标高/m	
H1	48.345
H2	48.163

1号墩墩柱及桩基参数表

墩柱号	柱顶标高/m	墩柱长/cm	柱底标高/m	桩底标高/m	桩基长/cm
1号墩柱	46.733(H5)	277.3			
2号墩柱	46.812(H4)	285.2			
3号墩柱	46.891(H3)	293.1	43.960(H6)	18.960(H7)	2500.0
4号墩柱	46.812(H4)	285.2			
5号墩柱	46.733(H5)	277.3			

2号墩墩柱及桩基参数表

墩柱号	柱顶标高/m	墩柱长/cm	柱底标高/m	桩底标高/m	桩基长/cm
1号墩柱	46.787(H5)	282.7			
2号墩柱	46.866(H4)	290.6			
3号墩柱	46.945(H3)	298.5	43.960(H6)	18.960(H7)	2500.0
4号墩柱	46.866(H4)	290.6			
5号墩柱	46.787(H5)	282.7			

图 1.79　盖梁、墩柱和桩基参数

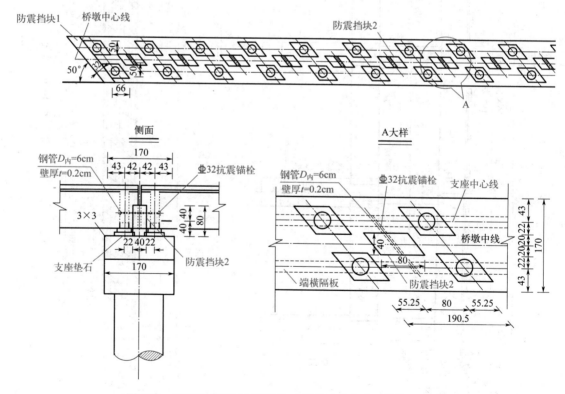

图 1.80　挡块和支座与上部结构 T 梁的连接方式（单位：cm）

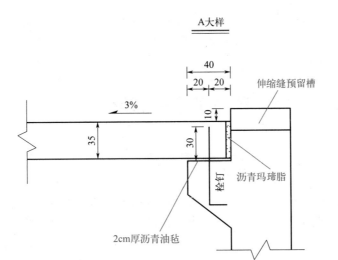

A大样

图 1.81 搭板尺寸和搭板与桥台连接方式（单位：cm）

（17）道路标线布置图

标线横断面布置及平面布置图，对车道划分进行了详细的尺寸标注。详见 ×× 工程施工图设计图纸：道路标线布置 S-38。

（18）单悬臂标志构造图

单悬臂标志构造图包括立柱、法兰盘、混凝土基础、标志板连接和部分大样图。标志牌材料数量表对材料、规格、件数、重量和型号有详细记录，注释里写有标志牌内容、规范要求、部分施工工艺等信息。详见 ×× 工程施工图设计图纸：单悬臂标志牌 S-39。

（19）停车让行标志设计图

常规六边形标志牌设计图。详见 ×× 工程施工图设计图纸：停车让行标志设计图 S-40。

（20）停车让行标线图

常规停车让行标线设计图。详见 ×× 工程施工图设计图纸：停车让行标线设计图 S-41。

（21）波形护栏构造图

"Gr—A—4C 标准"中，"Gr"指波形梁护栏，"A"指防撞等级是 A 级，"4C"指护栏立柱是埋在独立基础中，柱距是 4m。详见 ×× 工程施工图设计图纸：波形护栏构造 S-45。

（22）桥梁信息公示牌构造图

详细记录了桥梁名称、路线名称、路线编号、桥型、桩号、管理单位等信息。详见 ×× 工程施工图设计图纸：桥梁信息公示牌构造 S-47。

（23）桥头诱导标志构造图

设置于桥头位置的诱导标志。详见 ×× 工程施工图设计图纸：桥头诱导标构造 S-48。

1.4.3　制订基本建模计划

按照桥梁基本结构的三个部分，以及正常的施工顺序进行划分，首先为下部结构的建模；其次是上部结构建模，最后为桥梁附属设施建模。

基本建模计划为，第一步：创建标高轴网；第二步：创建桩基础；第三步：创建桩基系梁；第四步：创建墩柱；第五步：创建桥墩盖梁；第六步：创建桥墩盖梁的支座垫石及挡块；第七步：创建桥台；第八步：创建桥台的支座垫石及挡块；第九步：创建 T 梁；第十步：创建湿接缝；第十一步：创建桥面铺装及标志标线；第十二步：创建防撞护栏及隔离栅；第十三步：检查模型。

 任务拓展（"1+X" BIM 职业技能训练）

1.4.4　识读桥梁工程图基本信息

① 封面：图纸的封面包括了工程名称、设计阶段（初步设计、技术设计或是施工图设计）、工程编号、图纸册数、公司名称、出图日期等内容，在正式出图后需要标注设计资质并盖设计院公章。

② 扉页：图纸的扉页作为第一页，除了工程名称、设计阶段外，还包含了各专业负责人签字和设计院资质等级与编号。

③ 目录：包含各项图纸名称、图号以及页数，方便查阅。

④ 设计说明：设计说明是整套图纸的大纲、设计依据和建筑依据。在施工图纸上无法用线型或者符号表示一些内容，如技术标准、质量要求等具体要求时，就要用文字形式加以说明，明确图纸上无法显示的内容，如做法构造等，方便施工以及作为预算结算的依据。看图纸的时候首先要看的就是设计说明，了解工程总体概况与施工过程中应该注意的问题。

⑤ 图框：工程制图中图纸上限定绘图区域的线框。图纸上必须用粗实线画出图框。图框标题栏中的内容一般包括出图日期、设计单位名称、工程项目名称、图纸名称、出图人员签字、图纸图号等。

⑥ 工程数量表：工程数量表是以物理计量单位或自然计量单位所表示的各个分项或子分项工程和构配件的数量表。

 素质教育

本项目主要介绍了 BIM 技术的概念、BIM 应用的准备工作、BIM 应用特征、应用价值等内容。

京雄大桥主拱优雅轻盈的现代感造型，与远山静水融为一体，犹如画卷般自水中心向两岸延伸，在接近湿地景观部分，梁桥消隐融合于湿地水景之中。桥梁上下部钢梁构件设置了景观照明灯柱，在白天，它是"京西明珠"；在夜晚，绚丽四射的灯光将把这座京西新地标照耀得更加耀眼夺目、色彩迷人。

京雄大桥在设计中融入中国元素、中国结造型，采用空间异型曲面结构，轻盈通透，结构形式独一无二。远观大桥，两侧拱肋由下至上由四边形渐变至五边形，呈螺旋式扭转上升，同时两拱向桥中心内倾靠拢。拱顶以中国结造型的风撑连接，寓意北京与雄安两座城市紧密联系、协同发展，甚至高速路灯的曲线设计，也延续了主拱的舒展造型。体现北京和雄安新区协同发展的美好前景，将成为北京南部地区的新地标。

京雄大桥位于永定河与京雄高速"交汇点"，全长 1.62km，主拱跨度达 300m，大桥主梁宽度达 48m，未来将承载京雄高速双向八车道的车流。2023 年 6 月 17 日，京雄高速京雄大桥实现合拢，刷新了北京桥梁最大跨度纪录，是北京单跨跨度最长的桥梁。京雄高速公路是雄安新区对外交通联系"四纵三横"路网中最重要的"一纵"，全线通车后对于发挥雄安新区功能、促进京津冀协同发展具有重要意义。

发扬"开路先锋"精神，坚持高标准、高效率、高质量，打造百年工程在京雄高速公路上塑造了一张张靓丽名片。京雄大桥主桥桥梁采用飞燕式拱桥结构，桥梁拱肋和主梁均采用钢结构设计，钢材用量达 2.2 万吨，超过 3 个埃菲尔铁塔的用钢量。为了方便加工制造和吊装，全桥钢结构共划分成 126 个形态各异的钢"积木"，最重的单个 240t，最大长度 48m、宽 9m，采用两台 200t 级液压模块车进行运输。为了建造京雄大桥，施工方中铁上海工程局利用两台 610t 浮吊进行安装施工，这也是北京首次在不通航水域，引入如此大规模的浮吊用于桥梁建设。施工过程中，充分利用 360° 无死角监测系统，实时显示吊装关键指标，精准把控拱肋翻身、起吊、行走、就位等环节。对"积木"进行拼接时，还需用三维液压千斤顶"精调"，将误差控制在毫米级，确保工程精益求精、万无一失。

勠力同心、同舟共济，弘扬伟大民族精神。在京雄大桥建设过程中，无数名建设者不惧风险，勇往直前。他们舍小家顾大家，舍小我取大义，把个人价值与国家命运紧紧连在一起，用自己的行动展现了家国情怀、民族精神。正是有了无数个这样的英雄，才能创造出这样的中国奇迹。

📖 知识巩固

1. BIM 是（   ）的英文缩写。
A. Building Information Modeling   B. Information Building Modeling
C. Modeling Information Building   D. Building Modeling Information

2. 下列内容哪些是几何元素？（   ）
A. 点、线   B. 长方体   C. 圆柱体   D. 以上全是

3. 利用基于 BIM 技术的方案设计软件，在设计的同时就建立（   ）。
A. 基于三维几何模型的方案模型   B. 基于大数据的方案模型
C. 基于施工动画的方案模型   D. 基于动态模拟的方案模型

4. 利用（   ）自动地进行不同专业设计结果之间的冲突检查，不仅工作效率可以得到成倍提高，而且可以大幅度提高工作质量。
A. 碰撞检查软件   B. 动画制作软件   C. 仿真软件   D. 造价软件

5. 在应用 BIM 技术的建筑工程新范式下，将实现建筑全生命周期的（   ）。
A. 自动化管理   B. 机械化管理   C. 信息化管理   D. 独立化管理

6. （   ）是 Revit 软件信息存储的载体，包含了建筑的所有设计信息（从几何图形到构造数据）。
A. 项目文件   B. 工程文件   C. 项目样板   D. 工程样板

7. Revit 软件中项目文件的扩展名为（   ）格式。
A. ".rvt"   B. ".ret"   C. ".rit"   D. ".evt"

8. CAD 软件中项目的文件扩展名为（   ）格式。
A. ".cwg"   B. ".awg"   C. ".dag"   D. ".dwg"

9. (　　) 为新项目提供已经预设的工作环境文件，包括视图样板、已载入的族、已定义的设置（如单位、填充样式、线样式、线宽、视图比例等）和几何图形（如果需要）。

A. 项目文件　　　　　　　B. 族　　　　　　C. 项目样板　　　D. 结构样板

10. Revit 的打开方式为 (　　)。

A. 单击鼠标左键　　　　　B. 双击鼠标左键　　　C. 单击鼠标右键　　D. 双击鼠标右键

11. Revit 的项目界面包括 (　　)。

A. 应用程序菜单、快速访问工具栏

B. 信息中心、选项卡、绘图区、状态栏

C. 选项栏、属性选项板

D. 以上全是

12. 在 Revit 中，(　　) 是一个无模式对话框，通过该对话框，可以查看和修改用来定义图元属性的参数。

A. 信息中心　　　　　　　B. 属性选项板　　　　C. 选项卡　　　D. 选项栏

13. 在 Revit 中，(　　) 用于显示当前项目中所有视图、明细表、图纸、族、组和其他部分的逻辑层次。

A. 属性选项板　　　　　　B. 项目浏览器　　　　C. 信息中心　　　D. 上下文选项卡

14. 族的文件后缀为 (　　)。

A. ".dll"　　　　　　　　B. ".inf"　　　　　　C. ".rfa"　　　D. ".rft"

15. 下列不属于 Revit 族类型的是 (　　)。

A. 可载入族　　　　　　　B. 系统族　　　　　　C. 项目族　　　D. 内建族

16. "实心放样" 命令的用法，错误的是 (　　)。

A. 必须指定轮廓和放样路径　　　　　　　B. 路径可以是样条曲线

C. 路径必须为封闭线段　　　　　　　　　D. 路径可以是不封闭的线段

项目二　桥梁下部结构建模

任务 2.1　标高创建

 任务目标

能力目标

　　能够使用"标高"命令创建桩基底标高；

　　能够将参数化应用到标高；

　　能够将标高放置于项目中。

知识目标

　　理解标高的概念；

　　掌握标高的创建方法；

　　掌握使用"修改"命令修改标高。

素质目标

　　提高工程职业素养；

　　提高自主学习的能力；

　　锤炼精益求精的工匠精神。

二维码 2.1

 任务导入

　　依据 ×× 工程施工图设计图纸中的桥墩一般构造 S-14，桥墩桩基钢筋布置 S-17、桥台一般构造 S-20、桥台桩基钢筋布置 S-22，创建标高并对标高进行修改。

 操作流程

　　打开 Revit 新建项目，选择建筑样板在立面中创建标高。对标高命令进行修改，使其最终形成完整的体系，完成标高的创建。

2.1.1 基本信息

2.1.1.1 标高概念

标高的作用是标出建筑各部分的相应高度，有以 1985 国家高程基准等高程系统为基础的标高，也有以建筑物本身的相对高程为基础的标高，基本单位为 m。

2.1.1.2 图纸导航

本任务使用的图纸为 ×× 工程施工图设计图纸中的桥墩一般构造 S-14、桥墩桩基钢筋布置 S-17、桥台一般构造 S-20、桥台桩基钢筋布置 S-22。

 任务实施

2.1.2 标高创建

打开 Revit，单击"新建"，选择"建筑样板"，单击"确定"，如图 2.1 所示。

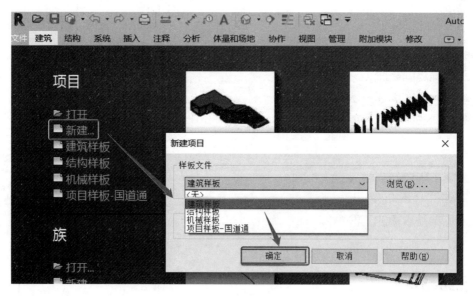

图 2.1 新建项目

在"项目浏览器"中展开"立面（建筑立面）"项，双击视图名称"东"进入东立面视图，如图 2.2 所示。

点击"基准"模块中的"标高"命令开始绘制，如图 2.3 所示。

立面视图中新建的标高会在"项目浏览器"中显示，如图 2.4 所示。

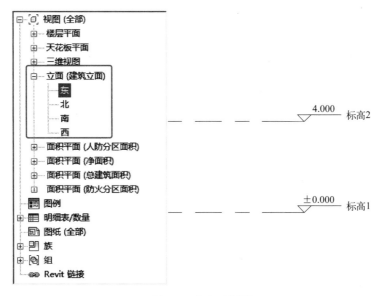

图 2.2　东立面视图

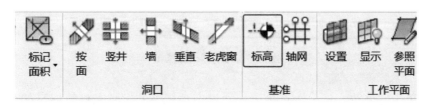

图 2.3　"标高"命令

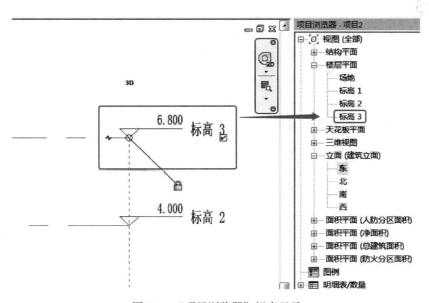

图 2.4　"项目浏览器"标高显示

项目二　桥梁下部结构建模

055

2.1.3　标高修改

选中标高时，可以对标高的基本样式进行修改，例如：双击高程数值，可以对高程数值进行修改；双击标高名称，可以对标高名称进行修改（名称不可重复）；勾选侧边的方格可以控制标高名称是否显示，如图 2.5 所示。

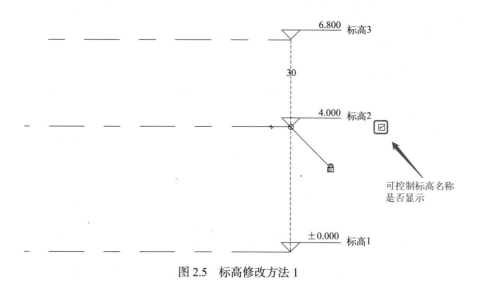

图 2.5　标高修改方法 1

也可以单击"修改｜标高"选项卡，通过拖动标高的端点来修改标高的名称和距离，单击标头附近的"折线符号"，按住拖拽点即可调整标头位置，如图 2.6 所示。根据图纸信息，创建所需要的标高。

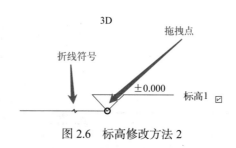

图 2.6　标高修改方法 2

 任务拓展（"1+X"BIM 职业技能训练）

2.1.4　标高绘制

请按照图 2.7 中的标高要求绘制标高，最终以"标高"为文件名进行保存。（第 3 期 BIM技能等级考试）

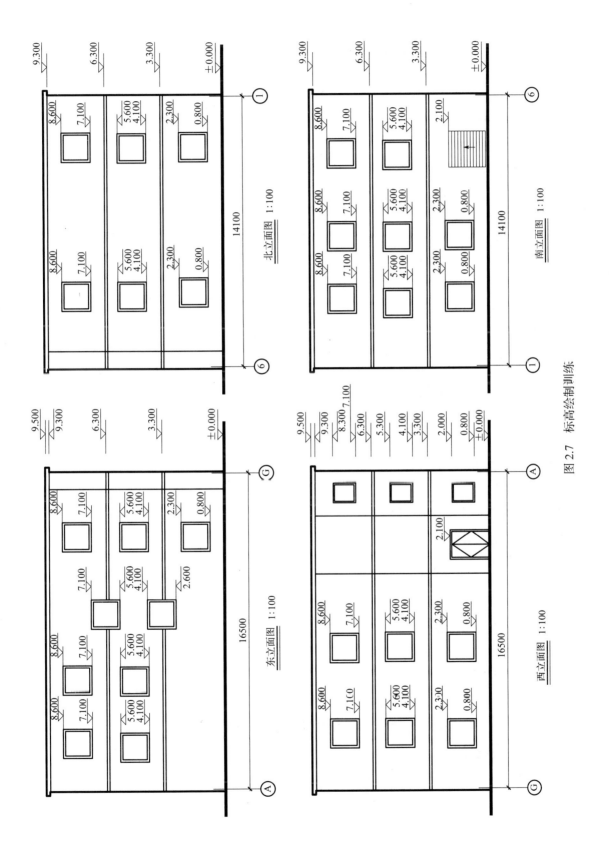

图 2.7 标高绘制训练

任务 2.2　轴网创建

任务目标

能力目标

能够使用"轴网"命令创建轴网体系；

能够使用"阵列"或"复制"命令创建轴网。

知识目标

理解轴网的概念；

掌握轴网的创建方法。

素质目标

提升学习方法认知能力；

提高自主学习意识；

培养认真负责的专业态度。

二维码 2.2

任务导入

依据 ×× 工程施工图设计图纸的桩位坐标 S-03，创建并绘制轴网。

操作流程

轴网创建流程：新建项目文件，使用"轴网"工具进行轴网的创建。

2.2.1　基本信息

2.2.1.1　轴网概念

轴网是由建筑轴线组成的网，是人为地在建筑图纸中为了表示构件的相对位置，按照一般的习惯标准虚设的，一般标注在对称界面或截面构件的中心线上。

2.2.1.2　图纸导航

本任务使用的图纸为 ×× 工程施工图设计图纸的桩位坐标 S-03。

任务实施

2.2.2 创建轴网

点击项目下的"新建",在弹出的界面中选择"建筑样板",点击"确定",如图2.8所示。

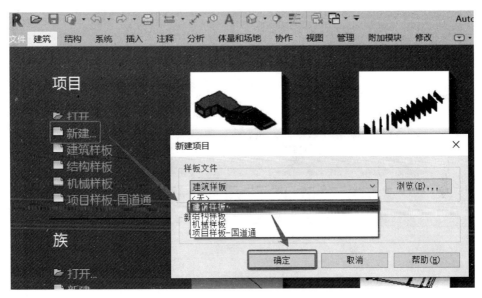

图2.8 新建建筑样板

在选项卡中点击"管理"选项卡→"项目 单位"命令,如图2.9所示。

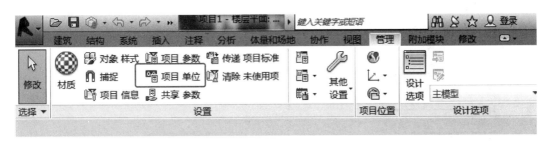

图2.9 "项目 单位"命令

在弹出的对话框中选择"长度",单位修改为"厘米",如图2.10所示。

切换至平面视图,选择"建筑"选项卡→"轴网"工具,如图2.11所示,单击两次鼠标确认轴网的起始位置,即完成一条轴网的绘制。点击绘制完的轴网,单击左侧"属性"工具栏,将轴网编号修改为"6.5mm 编号",如图2.12所示。

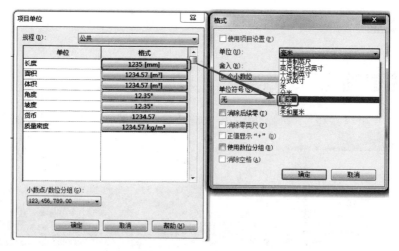

图 2.10　项目单位修改

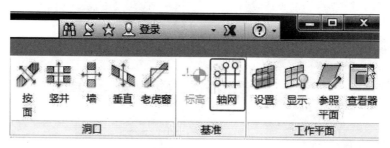

图 2.11　"轴网"工具

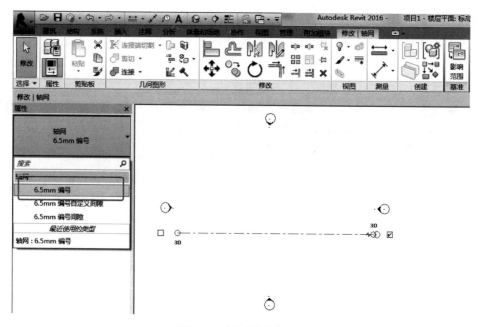

图 2.12　轴网编号修改

桥梁工程 BIM 建模技术

2.2.3 绘制轴网

单击绘制好的轴网，再点击上方工具栏中的"旋转"工具 ⟳ 旋转轴网，将线对齐端点后单击左键，向上拖动，输入"50"后回车，将轴网角度调整为50°。如图2.13所示。

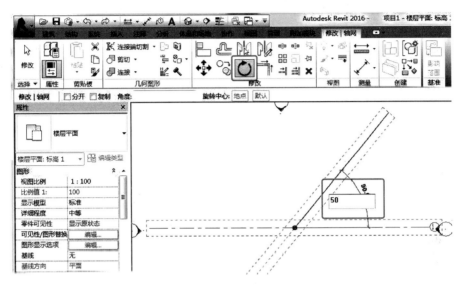

图2.13 轴网角度调整

单击画好的轴网，点击上方工具栏中的"移动"工具 ✛，点击轴网向左移动，如图2.14所示。

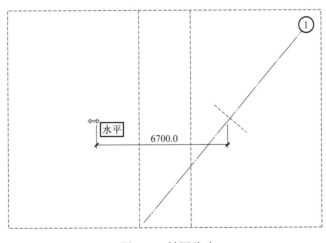

图2.14 轴网移动

选中移动后的轴网，点击上方工具栏中的"复制"工具 ，并且勾选"约束"和"多个"，单击轴网，将鼠标向右侧移动，并且输入间距值"1745"，如图2.15所示，随后回车，则一条轴网复制成功。接着依次输入"900""900""1745"，并修改轴网名称，完成斜向轴网的绘制，双击轴网名称，根据图纸，对轴网进行重命名，如图2.16所示。

接着开始绘制横向轴网，单击"轴网"工具，单击鼠标左键，向右拖动轴网，再单击左键，完成绘制。绘制结果如图2.17所示。

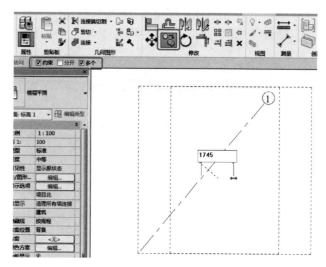

图2.15　斜向轴网绘制

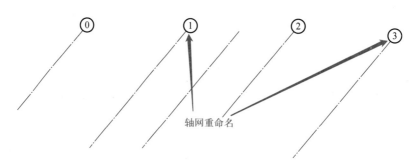

图2.16　轴网名称修改

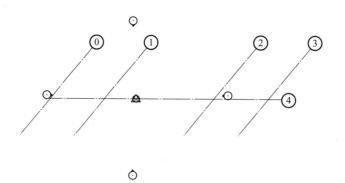

图2.17　横向轴网绘制

选择该轴网单击"复制" 命令，并且勾选"约束"和"多个"，单击轴网，将鼠标向上方移动，并且输入间距值"529"，随后回车，轴网复制成功，输入3次"529"，取消勾选轴网名称旁边的对勾符号，将轴网名称隐藏，完成水平向轴网的绘制。绘制结果如图2.18所示。

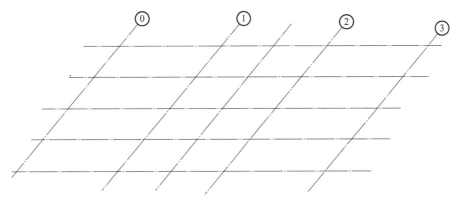

图 2.18　完成横向轴网绘制

 任务拓展（"1+X" BIM 职业技能训练）

2.2.4　建筑物轴网绘制

某建筑共 50 层，其中首层地面标高为 ±0.000，首层层高 6m，第二至第四层层高 4.8m，第五层及以上层高 4.2m。请按要求建立项目标高，并建立每个标高的楼层平面视图。请按照图 2.19 中的要求绘制项目轴网。最终结果以"标高轴网"为文件名保存为样板文件。（第三期 BIM 技能一级考试试题）

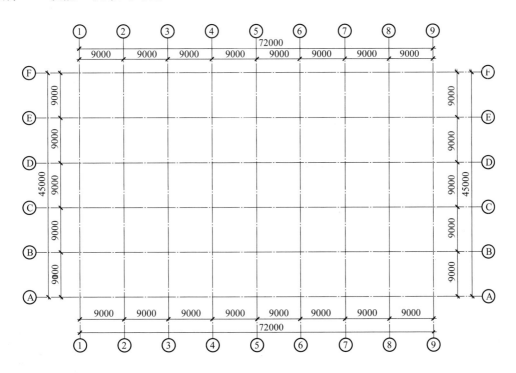

1～5层轴网布置图　1:500

图 2.19

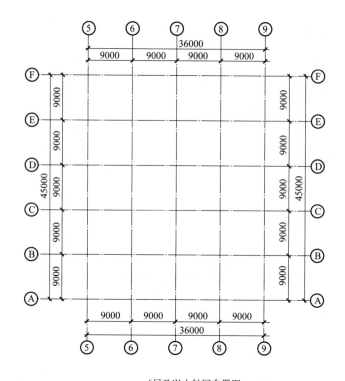

6层及以上轴网布置图　1:500

图 2.19　轴网绘制要求图

任务 2.3　桩基础创建

 任务目标

能力目标

能够使用"公制常规模型"族模板创建桩基础；

能够将参数化应用到桩基础；

能够将桩基础放置于项目。

知识目标

理解桩基础的概念；

掌握桩基础的创建方法；

掌握"公制常规模型"参数化设置方法。

素质目标

提高理论与实践结合的综合能力；

提高自主学习的能力；

提升职业操守和专业素养。

二维码 2.3

任务导入

依据 ×× 工程施工图设计图纸中的桥墩一般构造 S-14、桥墩桩基钢筋布置 S-17、桥台一般构造 S-20、桥台桩基钢筋布置 S-22，进行桩基础模型的创建。

操作流程

桩基础建模流程：新建公制常规模型族文件，使用建模工具进行桩基础的创建，使用"参照平面"进行族参数化设置，将桩基础族载入项目，放置桩基础构件到相应位置，调整桩基础参数设置达到所需状态。

2.3.1 基本信息

2.3.1.1 桩与桩基础

桩是将建筑物的全部或部分荷载传递给地基土并具有一定刚度和抗弯能力的传力构件，其横截面尺寸远小于其长度。而桩基础是由埋设在地基中的多根桩（称为桩群）和把桩群联合起来共同工作的桩台两部分组成。桩基础的作用是将荷载传至地下较深处承载性能好的土层，以满足承载力和沉降的要求。

2.3.1.2 图纸导航

本任务所用的图纸为 ×× 工程施工图设计图纸中的桥墩一般构造 S-14、桥墩桩基钢筋布置 S-17、桥台一般构造 S-20、桥台桩基钢筋布置 S-22。

任务实施

2.3.2 创建桩基础族

新建公制常规模型，依照图纸确定单位，使用工具绘制桩基大致模型。

点击"应用程序"按钮，光标放在"新建"上，在弹出的界面中鼠标左键选择"族"，如图 2.20 所示，然后双击选择"公制常规模型"，如图 2.21 所示。

在"管理"选项卡当中选择"项目 单位"，将长度单位设为"厘米"，点击"确定"，如图 2.22 所示（此处选择的"厘米"为图纸主要标注单位）。

在"创建"选项卡中单击"拉伸"工具，在弹出的"修改 | 创建拉伸"选项卡中选择"绘制"→"圆形"，在绘图区的中心，点击两个参照平面的交点位置，再把光标放到合适位置再次点击并使用"测量"工具标注相应尺寸，绘制结果如图 2.23 所示。绘制完草图，在"修改 | 创建拉伸"选项卡中选择"模式"→"对勾"结束拉伸的草图绘制，软件会自动给模型一个厚度来建成三维圆柱模型，如图 2.24 所示。

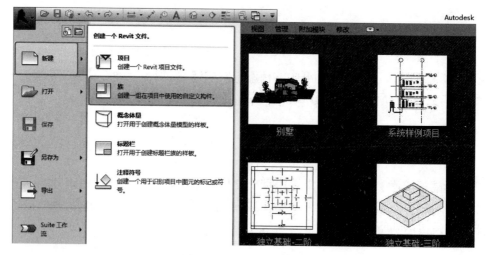

图 2.20　应用程序界面

图 2.21　公制常规模型选择

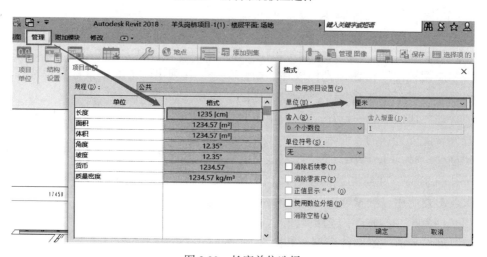

图 2.22　长度单位选择

  桥梁工程 BIM 建模技术

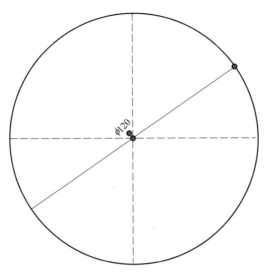

图 2.23　绘制圆形并标注尺寸

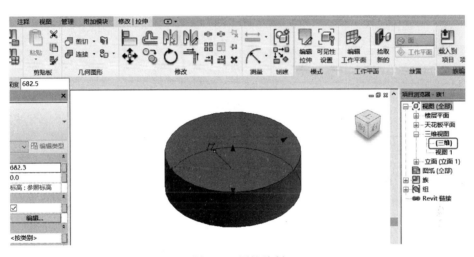

图 2.24　圆柱绘制

2.3.3　族参数化设置

使模型的可拉伸面与参照平面锁定，进行关键数据的尺寸标注，方便对模型进行参数化。

在"项目浏览器"中选择"立面（立面1）"→"前"来到前立面，如图2.25所示。

在"创建"选项卡中选择"参照平面"工具，之后在绘图区内，在模型上方单击左键，将鼠标水平向右移动，再次点击，完成一条参照平面的绘制。绘制结果如图2.26所示。

选中创建的三维模型，将弹出的"指示标"分别拖动到上下两侧的参照平面上，如图2.27所示；并点击"锁定"按钮进行锁定，如图2.28所示。

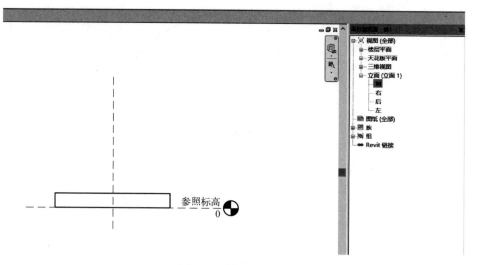

图 2.25　前立面选择

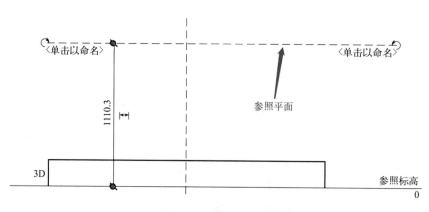

图 2.26　参照平面绘制

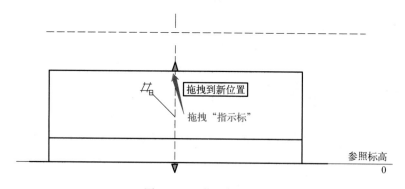

图 2.27　"指示标"移动

　　使用"尺寸标注"模块里的"对齐"命令，标注两条参照平面间的尺寸，如图 2.29 所示。

　　在"创建"或"修改"选项卡中鼠标左键选择▦→▧，如图 2.30 所示，在弹出的对话框中分别添加表 2.1 所示的三种参数数据。

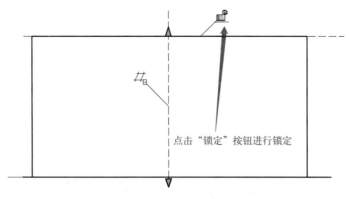

图 2.28　"指示标"锁定

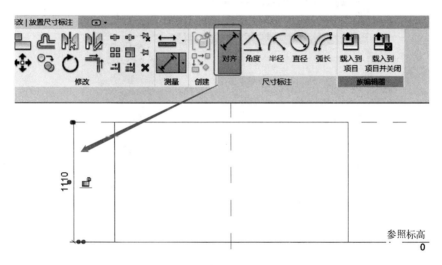

图 2.29　参照平面尺寸标注

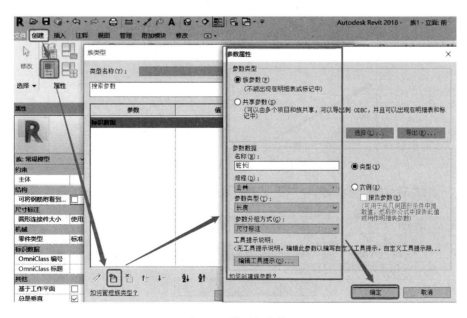

图 2.30　族添加参数

表 2.1　参数数据表

名称	桩长	桩径	材质
参数类型	长度	长度	材质

填写完成并单击"确定"，族类型界面如图 2.31 所示。

图 2.31　族类型显示界面

选中之前所创建的标注，选择"标签："分别对应为"桩长＝0"与"桩径＝0"，如图 2.32、图 2.33 所示。（注：双击模型，进入编辑拉伸的界面，才能选中桩径标注，并添加相应标签）

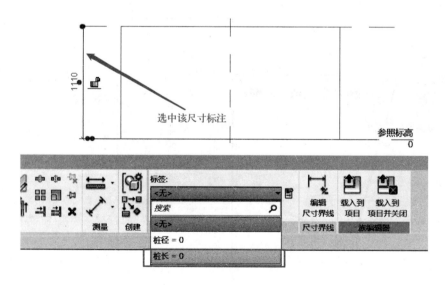

图 2.32　桩长标签设置

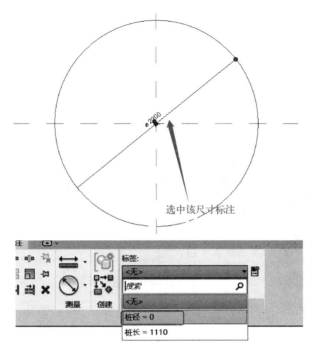

图 2.33　桩径标签设置

　　回到族类型页面，根据图纸"桥墩一般构造"的"墩柱及桩基参数表"填写"桩长"，根据图纸标注尺寸填写"桩径"，根据图纸"桥墩桩基钢筋布置"的"桩基材料数量表"填写"材质"。

　　在 Revit 中数值可以直接进行填写，材质的填写则需要鼠标左键单击"值"栏中右侧的 □，在弹出的"材质浏览器"中选择材质，若是没有想要的材质，就可以到材质浏览器的左下方点击 □ →"新建材质"，在"标识"选项卡下修改好材质名称，如图 2.34 所示，再点击左下方的 □，搜索想要的材质，双击载入到新建的材质中，如图 2.35 所示。

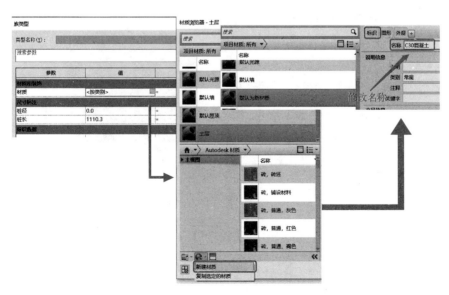

图 2.34　材质填写位置

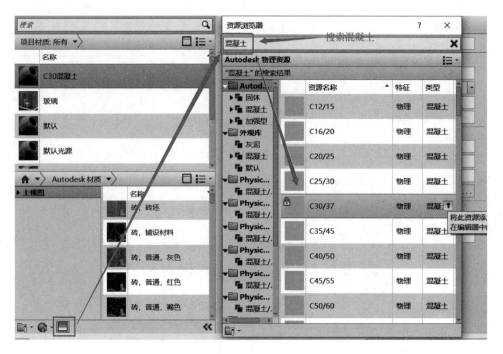

图 2.35　新材质载入

回到绘图区，选中模型，找到左侧"属性"栏→"材质和装饰"→"材质"后侧的小长方形，如图 2.36 所示，点击一下弹出"关联族参数"窗口，如图 2.37 所示，选择"材质"→"确定"，把模型的材质与族类型中的材质关联在一起。

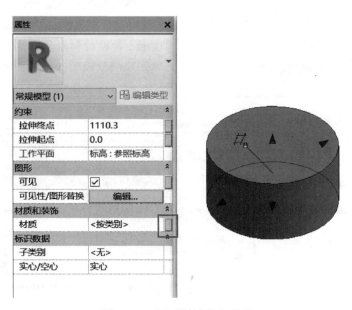

图 2.36　"关联族参数"位置

在"创建"或"修改"选项卡中单击🔲，在弹出的"族类别与族参数"窗口将族类别由原本的"常规模型"更改为"结构基础"，单击"确定"，如图 2.38 所示。保存文件到合适位置。

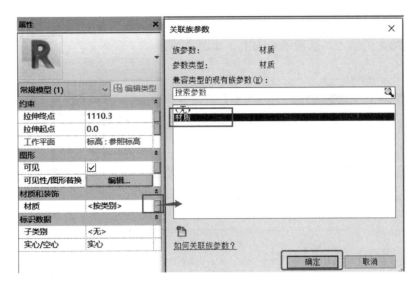

图 2.37　"关联族参数"窗口

图 2.38　族类别和族参数修改

2.3.4　桩基础族载入项目

① 若当前页面在"桩基础"族文件当中，选择"载入到项目"或"载入到项目并关

闭"，将文件载入到项目文件当中；

② 若当前页面在项目文件当中，选择"载入族"，找到"桩基础"族文件，载入进项目文件当中。

两种方法均在"插入"选项卡页面上，如图 2.39 所示。

图 2.39　载入族方法

2.3.5　放置桩基础构件

当族文件载入进项目之后，可以通过"结构"选项卡中的"构件"→"放置构件"找到已经载入的族文件进行放置；若族文件的族类别已改变，则需到相应族类别中找到。

打开项目文件，在项目浏览器中选择"楼层平面"→"桥墩桩底标高"。在上方"结构"选项卡中单击"构件"→"放置构件"，将桩基础模型放置到其中一个桥墩桩基的相应位置上，如图 2.40 所示。

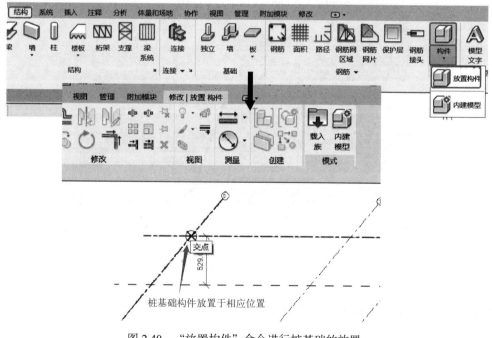

图 2.40　"放置构件"命令进行桩基础的放置

选中放置好的桩基础，在"属性"栏中选择"编辑类型"→"复制"或"重命名"，更改名称为"1、2号桥墩桩基"→"确定"，如图 2.41 所示。

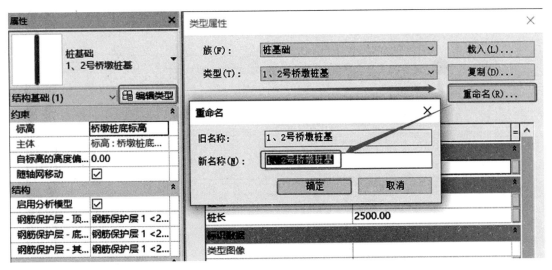

图 2.41　更改桩基名称

将"1、2号桥墩桩基"复制到其余相应位置，如图 2.42 所示。

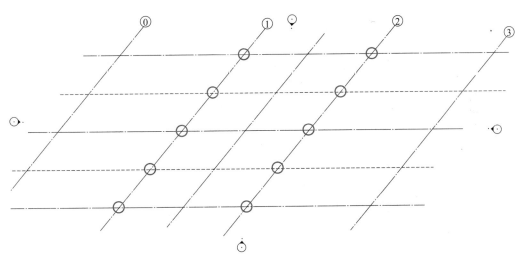

图 2.42　桩基础复制

2.3.6　调整桩基础参数

放置完成后，可以通过编辑类型中已经设定好的参数进行修改，使模型可以随时变成需要的形态。

切换视图为"楼层平面"→"桥台桩底标高"，在上方"结构"选项卡中单击"构件"→"放置构件"，将桩基础模型放置到其中一个桥台桩基的相应位置上，如图2.43所示。

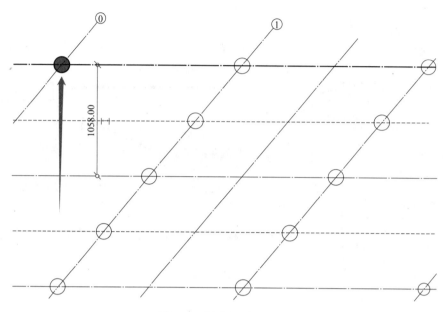

图 2.43　桥台桩基础放置

选中放置好的桩基础，在"属性"中选择"编辑类型"→"复制"或"重命名（R）"，更改名称为"0、3号桥台桩基"→"确定"，如图2.44所示，根据图纸"桥台一般构造"的"桥台桩基参数表"修改"桩长"，根据图纸标注尺寸修改"桩径"，根据图纸"桥台桩基钢筋布置图"的"桩基材料数量表"修改"材质"。

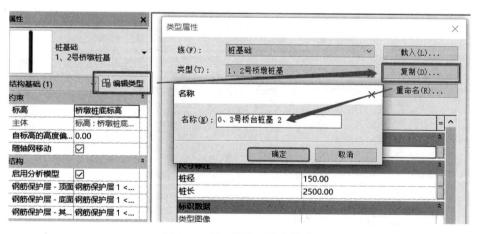

图 2.44　桥台桩基础信息修改

将"0、3号桥台桩基"复制到其余相应位置，如图2.45所示。

  桥梁工程 BIM 建模技术

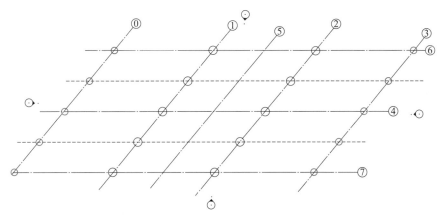

图 2.45　桥台桩基础复制

在项目浏览器中选择"三维视图"→"三维"，检查模型情况，如图 2.46 所示。

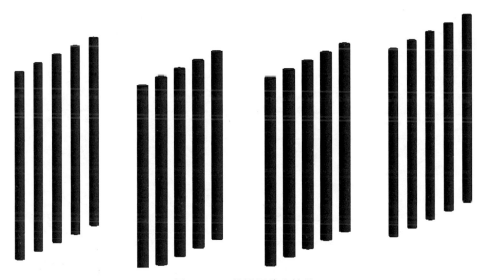

图 2.46　三维视图检查桩基

 任务拓展（"1+X"BIM 职业技能训练）

2.3.7　创建杯形基础体量模型

杯形基础又叫作杯口基础，是独立基础的一种。当建筑物上部结构采用框架结构或单层排架及门架结构承重时，其基础常采用方形或矩形的单独基础，这种基础称独立基础或柱式基础。独立基础是柱下基础的基本形式，当柱采用预制构件时，则基础做成杯口形，然后将柱子插入并嵌固在杯口内，故称杯形基础。

根据图 2.47 给定的投影尺寸，创建形体体量模型，基础底标高为 -2.100m，设置该模型材质为混凝土。请将模型文件以"杯形基础"为文件名保存。（第三期 BIM 技能等级考试一级）

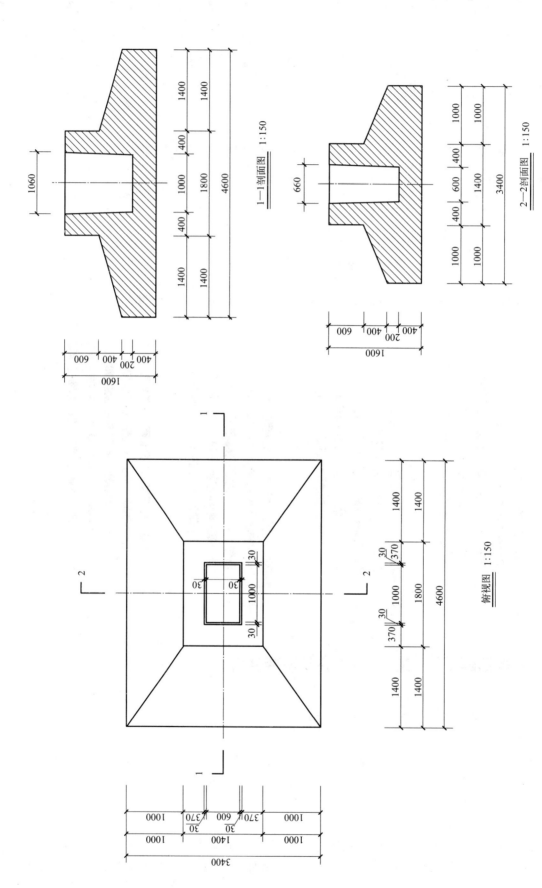

图 2.47 杯形基础图

任务 2.4　系梁创建

任务目标

能力目标

能够载入系统自带族；
能够使用系统自带族创建桩基系梁。

知识目标

理解系统自带族的载入方式；
掌握系统自带族的一般创建方式。

素质目标

提高对三维软件的操作与理解能力；
培养良好的学习习惯；
养成严谨认真的学习态度。

二维码 2.4

任务导入

依据 ×× 工程施工图设计图纸中的总体布置 S-04、桥墩一般构造 S-14，载入新的系统族，复制及修改参数，创建系梁。

操作流程

系梁建模流程：在选项卡上选择"系统族类别"，再到"载入"中找到系统族，载入进项目文件，修改族类别参数并进行绘制。

2.4.1　基本信息

2.4.1.1　桩基系梁概念

系梁是指起拉杆作用的梁，主要作用是把两个桩或墩连成整体受力，如在桥梁中为了改善柱子及桩受力的结构，使桩或墩的整体刚度加强，会在两个柱子中间加一根系梁。

2.4.1.2　图纸导航

本任务所使用的图纸为 ×× 工程施工图设计图纸中的总体布置 S-04（系梁横断面尺

寸）、桥墩一般构造 S-14（截面图系梁尺寸）。

任务实施

2.4.2　载入新的系统族

打开项目文件，在"东"立面视图新建名称为"柱底标高"的标高，高度为 43.960m，方便之后创建桩基系梁，如图 2.48 所示。

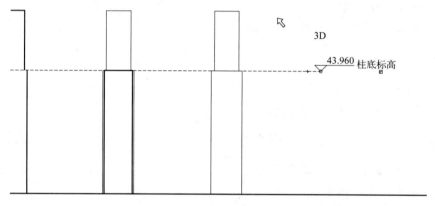

图 2.48　"柱底标高"创建

在"项目浏览器"中选择新建的"柱底标高"平面，已经创建的轴网不可见，如图 2.49 所示。

图 2.49　轴网不显示

找到"属性"→"范围"→"视图范围"→"编辑"，在弹出的"视图范围"弹窗内选择"主要范围"→"底部"→"无限制"→"确定"，如图 2.50 所示，轴网出现。

选择"结构"选项卡→"梁"，这时进入默认结构梁的创建页面，选择"属性"→"编辑类型"→"载入"，如图 2.51 所示，进入到默认系统族的族库。

选择"结构"→"框架"→"混凝土"→"混凝土 - 矩形梁"→"打开"，如图 2.52 所示。这时，"类型属性"的内容显示为"混凝土 - 矩形梁"，如图 2.53 所示。

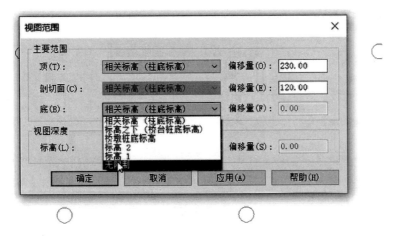

图 2.50　视图范围调整

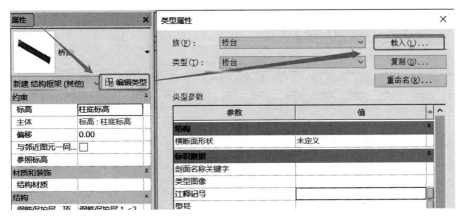

图 2.51　"载入"梁路径

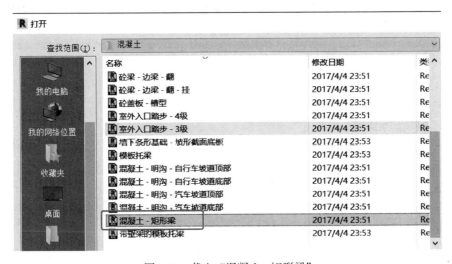

图 2.52　载入"混凝土-矩形梁"

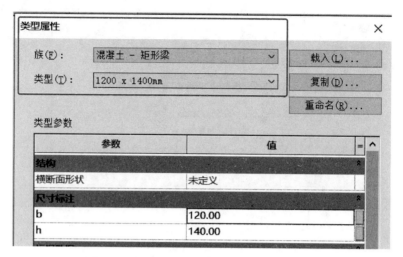

图 2.53 类型属性显示为"混凝土 - 矩形梁"

2.4.3 复制、修改参数

选择"复制"命令,依照图纸桥墩一般构造 S-14 所示尺寸更改名称为"1200×1400mm",类型参数的尺寸标注更改为 b=120cm,h=140cm,如图 2.54 所示。

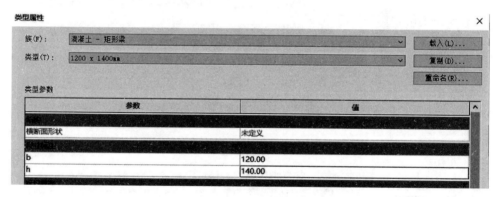

图 2.54 名称、类型参数修改

2.4.4 系梁建模

将光标定位在①号轴网上,单击 1 号桩基中心位置,松开鼠标左键,将光标移动到 5 号桩基中心位置,再次单击鼠标左键一次,完成创建,如图 2.55 所示。

在左侧"属性"选项板中选择"材质和装饰"→"结构材质"更改材质为图纸桥墩桩基系梁钢筋布置 S-18 所示的"C30 混凝土",如图 2.56 所示。

将在①号轴网位置处创建的系梁复制到②号轴网位置,在三维视图中检查,如图 2.57 所示。

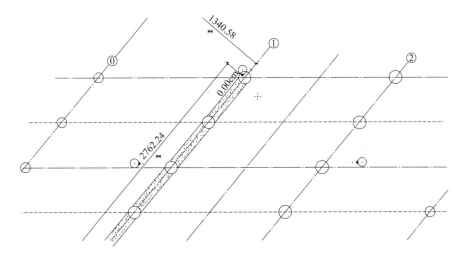

图 2.55　系梁模型创建

图 2.56　结构材质修改

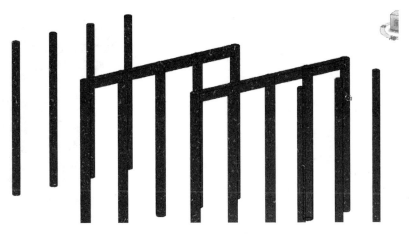

图 2.57　系梁三维模型

任务拓展（"1+X"BIM 职业技能训练）

2.4.5　承台创建

2.4.5.1　承台与桩基系梁的区别

承台指的是为承受、分布由墩身传递的荷载，在桩基顶部设置的联结各桩顶的钢筋混凝土平台。

承台与桩基系梁的区别：

一是作用不同：承台的作用是将上部荷载（内力）传递到承台下桩体；系梁的作用是连接相邻桩的桩端，以增强桩体的横向刚度，提高桩体横向稳定性。

二是受力不同：承台除承受承台上柱子的竖向力、弯矩及水平剪力，还承受承台下桩体反力，受力状况很复杂；系梁主要承受轴向力。

2.4.5.2　承台建模方法

承台与桩基系梁的建模方法基本一致，都采用系统自带结构梁绘制，通过改变梁的"Z轴对正"位置、"结构材质"等进行调整，如图 2.58 所示。

2.4.5.3　矩形梁创建承台

根据图 2.59 所给定的尺寸标注，使用两个不同尺寸的矩形梁创建承台，其中桩基半径为 0.8m，间隔 8m，设置该模型材质为 C35 混凝土。请将模型文件以"新建承台—×××"为文件名保存。

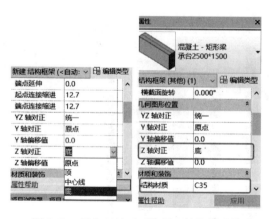

图 2.58　承台 Z 轴对正位置、结构材质修改

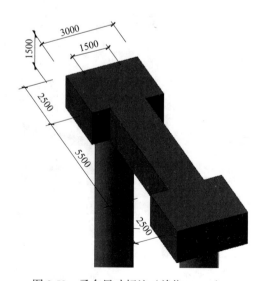

图 2.59　承台尺寸标注（单位：mm）

任务 2.5 墩柱创建

任务目标

能力目标

能够载入系统自带族；

能够使用系统自带族创建桥梁墩柱。

知识目标

理解系统自带族的载入方式；

掌握系统自带族的一般创建方式。

素质目标

提升学生对三维软件的认知；

提高学生严谨认真的工作态度。

二维码 2.5

任务导入

依据 ×× 工程施工图设计图纸中的总体布置 S-04、桥墩一般构造 S-14，载入新的系统族，复制及修改参数，创建桥墩。

操作流程

墩柱建模流程：打开项目文件，在选项卡上选择所需的系统族类别，再到"载入"中找到所需的系统族，载入进项目文件，修改族类别参数并进行绘制。

2.5.1 基本信息

2.5.1.1 桥墩概念

桥墩是多跨桥的中间支承结构，是支承桥跨结构并将恒载和车辆活载传至地基的构筑物。桥墩架设在两桥台之间，按结构类型可分为实体墩、柱式墩和排架墩等；按平面形状可分为矩形墩、尖端形墩、圆形墩等。

2.5.1.2 图纸导航

本任务所用的图纸为 ×× 工程施工图设计图纸的总体布置 S-04（系梁横断面尺寸）、桥墩一般构造 S-14（截面图系梁尺寸）。

2.5.2　载入新的系统族

选择"结构"选项卡→"柱"，进入到默认结构柱的创建页面，点击"属性"→"编辑类型"→"载入"，如图 2.60 所示，进入到默认系统族的文件夹。

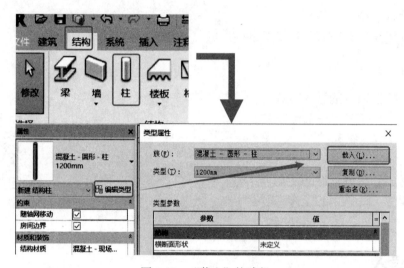

图 2.60　"载入"柱路径

选择"结构"→"柱"→"混凝土"→"混凝土 - 圆形 - 柱"，"类型属性"的内容已经变为"混凝土 - 圆形 - 柱"了，如图 2.61 所示。

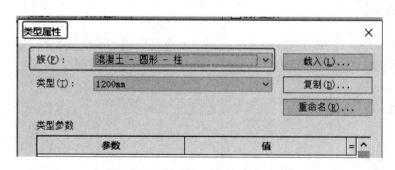

图 2.61　"混凝土 - 圆形 - 柱"选择

2.5.3　复制、修改参数

选择"复制"，依照图纸桥墩一般构造 S-14 所示尺寸更改名称为"1200mm"，类型参数的尺寸标注更改为 b=120cm，如图 2.62 所示。

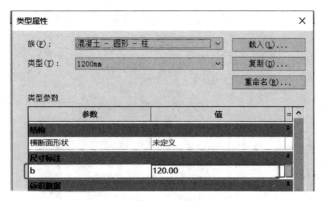

图 2.62　名称、类型参数修改

2.5.4　墩柱建模

在"项目浏览器"中，选择"柱底标高"视图，选择"结构"选项卡→"柱"，进入到结构柱的创建页面，选择"混凝土 - 圆形 - 柱 1200mm"，单击桩基的中心位置（轴网的交点处），完成创建，创建结果如图 2.63 所示。

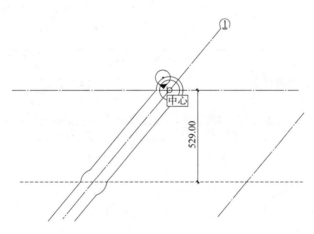

图 2.63　墩柱建模

右下角弹出提示，"附着的结构基础将被移动到柱的底部"，如图 2.64 所示。

选择"项目浏览器"→"三维视图"→"三维"，在三维模式中查看，发现墩柱向下占用了桩基的位置，如图 2.65 所示。

警告
附着的结构基础将被移动到柱的底部。

图 2.64　警告提示

图 2.65　墩柱三维模型

选择墩柱，查看"属性"选项板，将底部和顶部标高修改为如图2.66所示（计算过程见后续）。

在"属性"选项板中选择"材质和装饰"→"结构材质"更改材质为图纸桥墩墩柱钢筋布置S-16所示的"C30混凝土"，如图2.67所示。

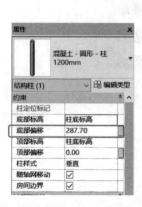

图 2.66　墩柱标高参数设置

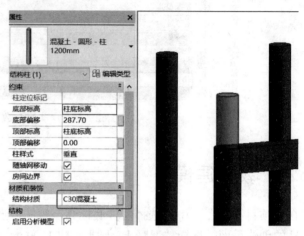

图 2.67　材质更改

在"柱底标高"楼层平面，选中墩柱，选择"阵列"，在选项栏取消选择"成组并关联"，将项目数更改为一根轴网上的墩柱数量"5"，如图2.68所示。

图 2.68　"阵列"参数设置

左键点击将第一根墩柱中心位置选择为起点，将第二个点放在第二根桩基中心位置，阵列的间距与方向就确定完成，在第二个点点击，软件会自动进行阵列，如图2.69所示。

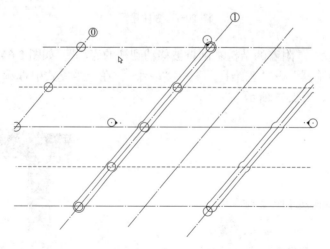

图 2.69　墩柱阵列

将在①号轴网位置处创建的墩柱"复制"到②号轴网位置，在三维视图中检查，如图 2.70 所示。

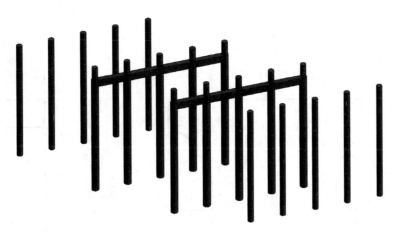

图 2.70　墩柱三维视图

调整墩柱高度，桩、柱顶标高以⓪号桥台的 3 号桩基的顶标高为准，找到桥台一般构造 S-20，确定桩、柱顶标高为 46.837m。在立面图，新建标高，名称为"桩、柱顶标高"，高度为 46.837m，如图 2.71 所示。

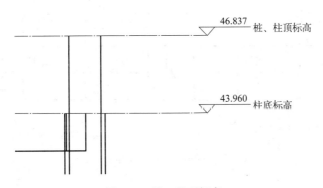

图 2.71　桩、柱顶标高

计算"桩、柱顶标高"与"柱底标高"的差值，46.837-43.960=2.877（m）=287.7（cm）。在三维模式，选择一根墩柱，"右键"→"选择全部实例"→"整个项目中"，选择全部的墩柱，在"属性"选项板，修改"底部偏移"的数值为"287.7"。

 任务拓展（"1+X"BIM 职业技能训练）

2.5.5　U 型墩柱模型创建

柱式桥墩是墩身由一个或几个立柱所组成的桥墩。是否选用柱式桥墩一般根据桥梁所在环境确定，一般采用柱式桥墩的桥梁结构，方便泄洪。工程中桥墩立柱一般采用圆柱形，采用矩形立柱的桥墩一般少见，多用于沿河流走向的高架桥。

根据图 2.72 所给定的尺寸标注，新建常规模型族文件，设置该模型材质为混凝土材质，族类别设为结构柱。请将模型文件以"U 型墩柱—×××"为文件名保存。（第八期 BIM 技能等级考试一级）

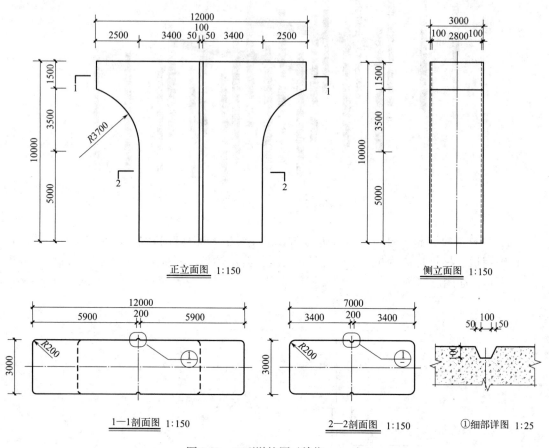

图 2.72　U 型墩柱图（单位：mm）

任务 2.6　盖梁创建

 任务目标

能力目标

能够了解盖梁的主要作用；
能够依照图纸创建桥墩盖梁。

知识目标

理解桥墩盖梁的概念；

掌握桥墩盖梁的创建方法；

掌握"公制常规模型"参数化设置方法。

素质目标

发挥思维的主观能动性；

培养勤劳艰苦的劳动精神；

培养大国工程的爱国主义精神。

二维码 2.6

任务导入

依据 ×× 工程施工图设计图纸的桥墩一般构造 S-14、桥墩桩基钢筋布置 S-17、桥台一般构造 S-20、桥台桩基钢筋布置 S-22、桥墩挡块及垫石构造 S-19，创建参照平面、盖梁主体、防震挡块和支座，并将盖梁载入项目，在项目中放置盖梁族构件。

操作流程

盖梁建模流程：新建→公制常规模型→样板族，使用工具分别创建桥台盖梁，并放置好位置。

2.6.1　基本信息

2.6.1.1　盖梁概念

盖梁指的是为支承、分布和传递上部结构的荷载，在排架桩墩顶部设置的钢筋混凝土或少筋混凝土的横梁，又称帽梁，主要作用是支撑桥梁上部结构，并将全部荷载传到下部结构。

2.6.1.2　图纸导航

本任务使用的图纸为 ×× 工程施工图设计图纸的桥墩一般构造 S-14、桥墩桩基钢筋布置 S-17、桥台一般构造 S-20、桥台桩基钢筋布置 S-22、桥墩挡块及垫石构造 S-19。

任务实施

2.6.2　创建参照平面

新建"族"，选择"公制常规模型"并打开，在"管理"选项卡当中选择"项目单位"，将长度单位改为厘米，点击"确定"，如图 2.73 所示（此处选择的"厘米"为图纸主要标注单位）。

选择"创建"选项卡，点击"参照平面"命令，如图 2.74 所示。根据墩柱一般构造S-14 的平面盖梁图，如图 2.75 所示，绘制相应的参照平面，用作模型轮廓绘制的参照，如

图 2.76 所示。

图 2.73　长度单位选择

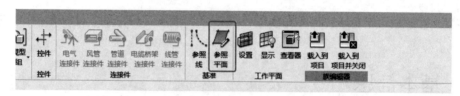

图 2.74　"参照平面"命令

平面

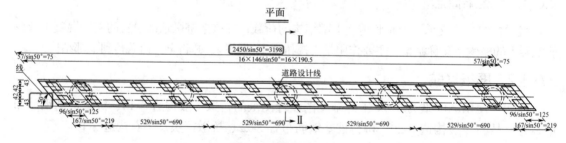

图 2.75　盖梁平面图

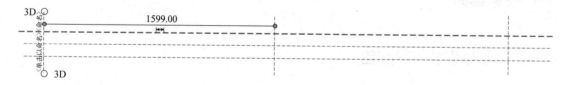

图 2.76　水平参照平面

　　继续点击"创建"→"参照平面"，绘制 50°斜线的参照平面。首先创建一条垂直参照平面，点击"旋转"↻→"地点"，在参照平面交叉处单击，第二次在预旋转线处单击，接着移动鼠标向左旋转，输入"40"，回车确定，如图 2.77 所示。

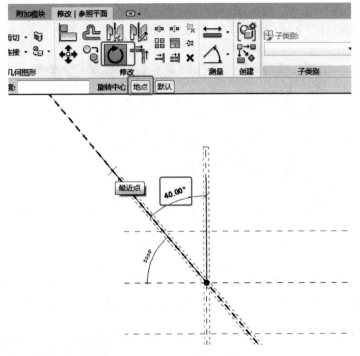

图 2.77　斜线参照平面

接着将该斜线，复制到右侧两个交叉处，如图 2.78 所示。

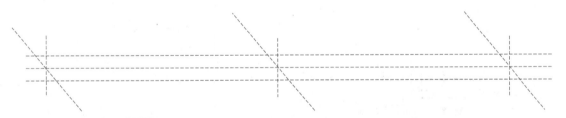

图 2.78　斜线参照平面复制

2.6.3　创建盖梁主体

点击"创建"→"放样融合"，如图 2.79 所示。

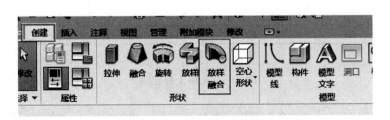

图 2.79　放样融合

单击"修改 | 放样融合"→"绘制路径"→"直线",进行绘制,沿参照平面绘制,长度为170cm,单击"对勾"完成绘制,如图2.80所示。

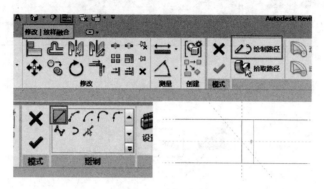

图2.80　路径绘制

路径绘制完毕后,进行轮廓的绘制,单击"选择轮廓1"→"编辑轮廓",如图2.81所示,弹出"转到视图"对话框,如图2.82所示,选择"立面:前"打开视图。

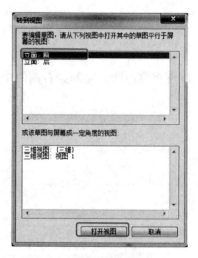

图2.81　"选择轮廓1"命令

图2.82　选择前立面视图

根据图纸绘制盖梁的轮廓1和轮廓2,如图2.83所示。选择"项目浏览器"里的"参照标高"视图,将轮廓2根据参照线移动到相应位置,移动之后的轮廓1和轮廓2,如图2.84所示。单击"对勾",完成盖梁模型的绘制。绘制完成的盖梁三维模型,如图2.85所示。

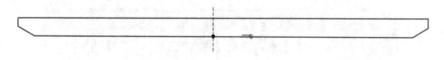

图2.83　轮廓1和轮廓2

点击"三维视图"→"着色" →"左立面"→"创建"→"空心形状"→"空心拉伸",依照图纸创建一个3cm×3cm的斜坡,如图2.86所示,点击"对勾",再进入三维视图,将其拉伸拉长。绘制对称部位的斜坡，利用"空心拉伸"绘制完成的斜坡如图 2.87 所示。

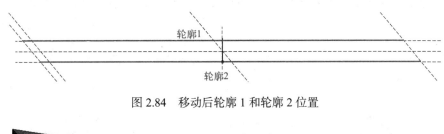

图 2.84　移动后轮廓 1 和轮廓 2 位置

图 2.85　盖梁三维模型

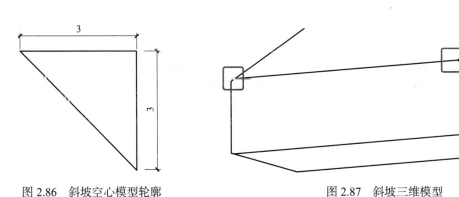

图 2.86　斜坡空心模型轮廓　　　　　　　图 2.87　斜坡三维模型

点击盖梁，进行材质参数关联，点击"材质和装饰"后的小长方形，弹出"关联族参数"对话框选择"材质"（之前步骤新建的材质参数），如图 2.88 所示。

图 2.88　盖梁材质添加

2.6.4　创建防震挡块和支座

根据××工程施工图设计图纸桥墩挡块及垫石构造 S-19 对桥墩挡块、垫石和支座进行模型绘制。首先绘制防震挡块1，在参照标高平面，利用"拉伸"命令进行绘制，根据图纸设置防震挡块1的拉伸厚度为40cm，设置属性里的拉伸起点为140，拉伸终点为180，如图2.89所示。

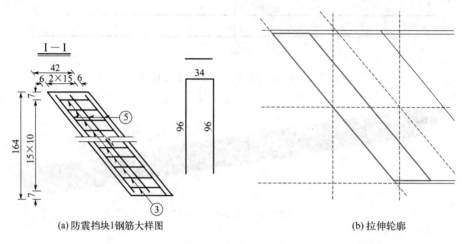

(a) 防震挡块1钢筋大样图　　　　　　　　　　(b) 拉伸轮廓

图2.89　挡块1绘制

绘制防震挡块2的模型，如图2.90所示，设置属性里的拉伸起点为140，拉伸终点为220，并将防震挡块2按照图纸距离进行复制，如图2.91所示。

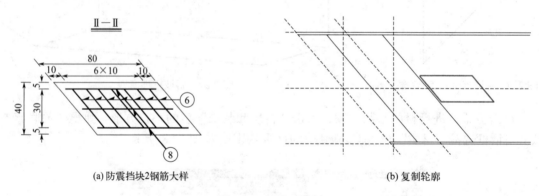

(a) 防震挡块2钢筋大样　　　　　　　　　　(b) 复制轮廓

图2.90　挡块2绘制

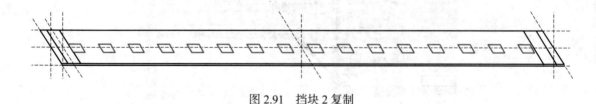

图2.91　挡块2复制

绘制垫层和支座的模型，如图2.92所示。

盖梁的模型绘制完毕，如图2.93所示。

选择"创建"→"族类别" ，在弹出的"族类别和族参数"对话框中将"族类别"更改为"结构框架"，将该常规模型族归入结构框架的族类别，桥墩盖梁就创建完成，如图2.94所示。

支座垫石钢筋网

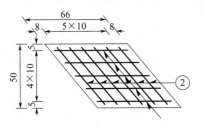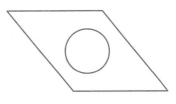

支座图纸标识
1.支座为GYZ板式橡胶支座(d=300mm)，厚度63mm。
2.支座垫石和支座的总厚度为20cm。

图 2.92　绘制垫层和支座

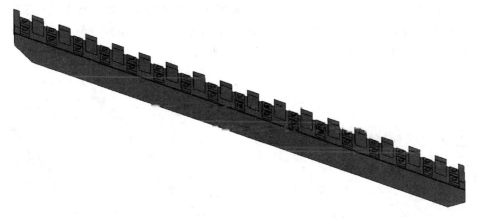

图 2.93　盖梁三维模型

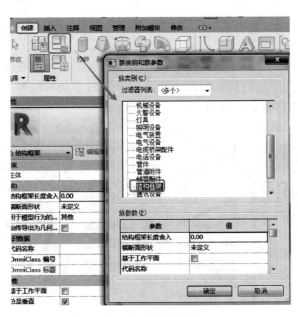

图 2.94　族类别修改

2.6.5 盖梁载入项目并在项目中放置盖梁族构件

将绘制完成的盖梁族构件载入项目，操作方法参考桩基础族载入项目。

打开"项目浏览器"→"立面"→"东"立面视图，根据图纸，新建名称为"桩、柱顶标高"的视图，标高值为 46.837m，如图 2.95 所示。

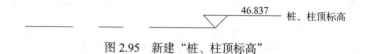

图 2.95　新建"桩、柱顶标高"

此时"项目浏览器"→"楼层平面"出现以此标高命名的视图，双击打开该视图，打开"结构"选项卡→"梁"（虽然该族构件为常规模型族，但族类别属性改为了结构框架，因此载入项目后，属于结构框架族），如图 2.96 所示。将桥墩盖梁族放在①轴和②轴，盖梁放置时，默认为横向位置，此时将鼠标光标放在目标轴网上，当轴网变色显示时，按下空格键，即可旋转构件放置位置，放置结果如图 2.97 所示。

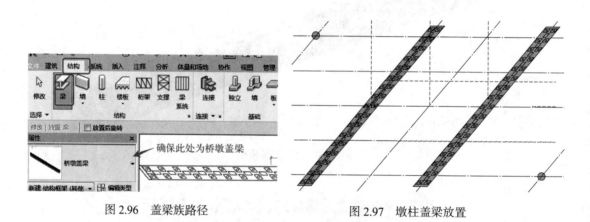

图 2.96　盖梁族路径 　　　　　　图 2.97　墩柱盖梁放置

选中放置好的墩柱盖梁，单击"属性"→"编辑类型"，在"材质"右侧空白部位，选择 C40 混凝土，为构件添加材质，如图 2.98 所示。若没有目标材质，则可单击下方的"新建"按钮新建材质，右键重命名即可。

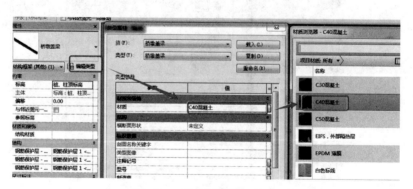

图 2.98　墩柱盖梁添加材质

任务拓展（"1+X" BIM 职业技能训练）

2.6.6 榫卯结构建模

中国古建筑以木材、砖瓦为主要建筑材料，以木构架结构为主要的结构方式，由立柱、横梁、顺檩等主要构件建造而成，各个构件之间的连接点以榫卯相结合，构成富有弹性的框架。榫卯是极为精巧的发明，这种构件连接方式，使得中国传统的木结构成为超越了当代建筑排架、框架或者刚架的特殊柔性结构体，不但可以承受较大的荷载，而且允许产生一定的变形，在地震荷载下通过变形抵消一定的地震能量，减小结构的地震响应。

根据给定尺寸，用构件形式建立榫卯的实体模型，按照图 2.99 中的尺寸构建榫和卯部位，并以"榫卯结构"为文件名保存。（第七期全国 BIM 等级考试一级）

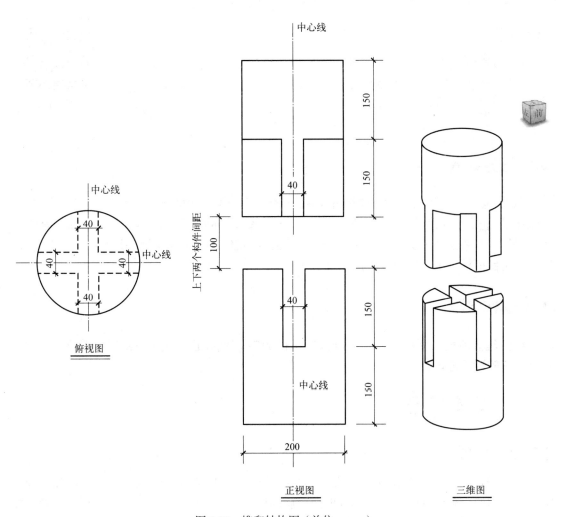

图 2.99 榫卯结构图（单位：mm）

任务 2.7　桥台创建

 **任务目标**

能力目标

　　能够叙述桥台各个部位的名称；
　　能够依照图纸创建桥台模型。

知识目标

　　理解桥台的概念；
　　掌握桥台的创建方法；
　　掌握"公制常规模型"参数化设置方法。

素质目标

　　树立爱岗敬业的职业素养；
　　培养科技创新的发散思维；
　　培养温故知新的学习习惯。

二维码 2.7

任务导入

　　依据××工程施工图设计图纸的桥墩一般构造 S-14、桥墩桩基钢筋布置 S-17、桥台一般构造 S-20、桥台桩基钢筋布置 S-22、桥台耳墙钢筋布置 S-24、桥台挡块及垫石构造 S-25、桥台搭板一般构造 S-27，创建桥台盖梁主体、桥台盖梁挡块及垫石、桥台背墙、耳墙、桥台搭板，修改桥台盖梁族参数。

操作流程

　　桥台建模流程：新建"公制常规模型"样板族，使用工具分别创建桥台盖梁、背墙与耳墙，并放置好位置。

2.7.1　基本信息

2.7.1.1　桥台

　　桥台是位于桥梁两端，支承桥梁上部结构并和路堤相衔接的建筑物。其功能除传递桥梁上部结构的荷载到基础外，还具有抵挡台后的填土压力、稳定桥头路基、使桥头线路和桥上线路可靠而平稳地连接的作用。桥台一般是石砌或素混凝土结构，轻型桥台则采用钢筋混凝土结构。

2.7.1.2 图纸导航

本任务使用的图纸为××工程施工图设计图纸的桥墩一般构造 S-14、桥墩桩基钢筋布置 S-17、桥台一般构造 S-20、桥台桩基钢筋布置 S-22、桥台耳墙钢筋布置 S-24、桥台挡块及垫石构造 S-25、桥台搭板一般构造 S-27。

任务实施

2.7.2 创建桥台盖梁主体

新建"族",选择"公制常规模型"并打开,在"管理"选项卡当中选择"项目单位",将长度单位改为"厘米"→"确定",如图 2.100 所示(此处选择的"厘米"为图纸主要标注单位)。

根据图纸桥台一般构造 S-20 的平面图绘制参照线,如图 2.101 所示。

用拉伸命令创建桥台盖梁模型,依次点击"创建"→"拉伸"→"直线"开始绘制,拉伸高度选择 140cm,如图 2.102 所示,点击"对勾"完成拉伸。

进入左视图绘制右侧的空心拉伸模型,操作方法参照创建盖梁主体的空心拉伸模型,绘制完成之后的空心拉伸模型如图 2.103 所示,再进行空心剪切,桥台盖梁主体模型创建完成,如图 2.104 所示。

图 2.100 长度单位修改

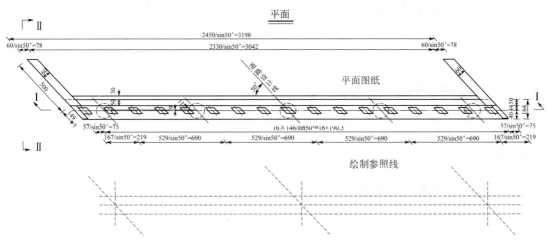

图 2.101 绘制参考线

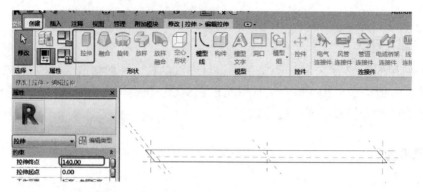

图 2.102　桥台盖梁轮廓线绘制

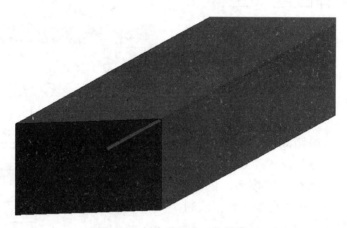

图 2.103　桥台盖梁空心拉伸模型

图 2.104　桥台盖梁模型

2.7.3　创建桥台盖梁挡块及垫石

根据图纸桥台挡块及垫石构造 S-25，在平面视图中用拉伸命令绘制挡块和垫石，如图 2.105、图 2.106。

2.7.4　创建桥台背墙

选择左立面，依照图纸，背墙宽为 50cm，选择"创建"→"拉伸"→"直线"，向右绘制 50cm→向上绘制 115cm→向左绘制 50cm→向下绘制 25cm→向左绘制 30cm→向下绘制

30cm→向右创建一个 30cm×30cm 的斜坡→连接→点击"完成"，如图 2.107 所示。

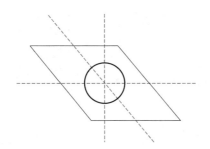

图 2.105　挡块和垫石的平面轮廓

图 2.106　挡块和垫石三维模型

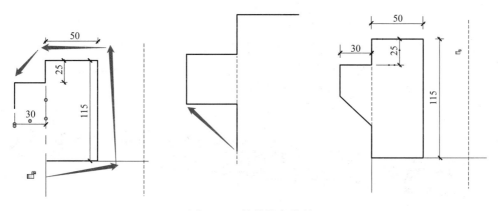

图 2.107　拉伸轮廓绘制

在三维视图，将其向两边拉伸，宽度超过盖梁即可，如图 2.108 所示。

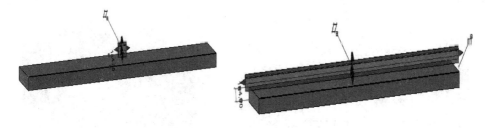

图 2.108　图形拉伸

在参照标高视图中，绘制两个空心模型，进行修改剪切。点击"创建"→"空心形状"→"空心拉伸"，如图 2.109 所示，进行空心拉伸的轮廓，与盖梁轮廓平齐，如图 2.110 所示。

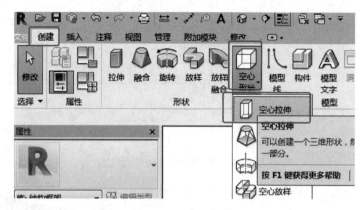

图 2.109　空心拉伸

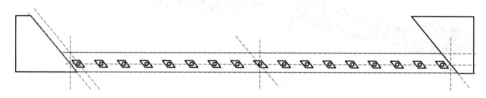

图 2.110　拉伸位置确定

点击"对勾"，完成模型空心拉伸的创建，接着切换至三维视图，将空心拉伸的厚度向上拉伸，范围覆盖住背墙高度即可，接着进行空心剪切，先单击需要剪切的实心模型，再单击空心模型，完成剪切，剪切完成的模型如图 2.111 所示。

图 2.111　空心剪切后的三维模型

点击"修改"选项卡→"连接"，依次点击"背墙"和"盖梁"，将其连接为一个整体，如图 2.112 所示。

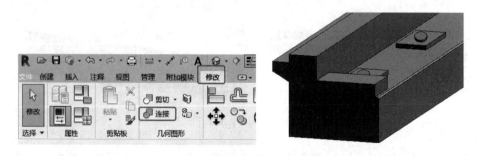

图 2.112　图形连接

2.7.5 创建耳墙

切换至"参照标高"视图，依照图纸桥台耳墙钢筋布置 S-24，绘制相应的参照平面，并进行拉伸轮廓的绘制，如图 2.113 所示。拉伸起点默认为"0"，拉伸终点改为"255"，高度与背墙齐平，点击"对勾"完成拉伸绘制。

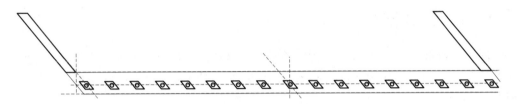

图 2.113　耳墙拉伸轮廓

根据桥台耳墙钢筋布置 S-24 的耳墙侧面图，需要到左立面，绘制空心拉伸，点击"创建"→"空心形状"→"空心拉伸"，如图 2.114 所示。

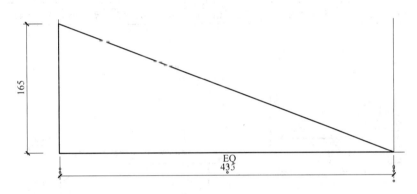

图 2.114　拉伸轮廓

在三维视图中，点击空心拉伸的"小三角"，进行拉长，如图 2.115 所示，使用"剪切"命令，完成空心剪切，完成后的三维模型如图 2.116 所示。

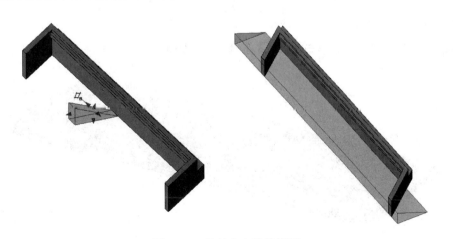

图 2.115　拉长空心拉伸模型

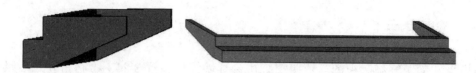

图 2.116　耳墙三维模型

2.7.6　创建桥台搭板

根据图纸桥台搭板一般构造 S-27，绘制桥台搭板。切换至"参照标高"视图，使用拉伸功能绘制，拉伸轮廓如图 2.117 所示。根据图纸，拉伸起点和终点分别为"0"和"35"，如图 2.118 所示。

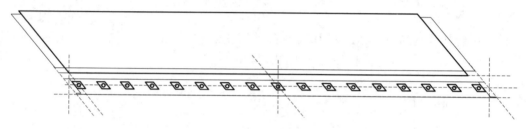

图 2.117　拉伸轮廓

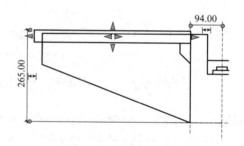

图 2.118　拉伸起点和终点

创建好桥台搭板后，桥台绘制完成，如图 2.119 所示。

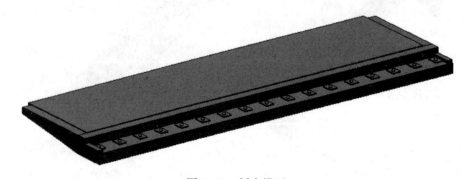

图 2.119　桥台模型

2.7.7　修改桥台盖梁族参数

选择"修改"→"族类别" ，在弹出的"族类别和族参数"对话框中将"族类别"更改为"结构框架"，将该常规模型族归入结构框架的族类别，如图2.120所示。

图2.120　常规模型族归入结构框架的族类别

单击"修改"→"族类型" →"新建参数" ，将参数名称命名为"C30"，参数类型改为"材质"，单击"确定"，如图2.121所示。同理创建名称为"橡胶"的材质参数。

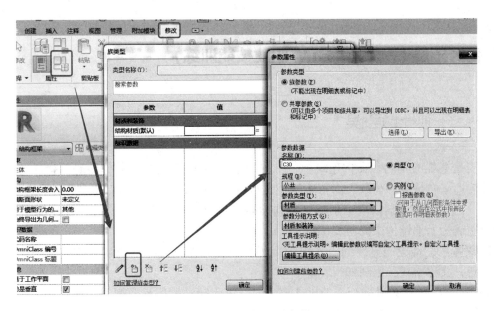

图2.121　添加材质参数

在三维视图中，选中桥台搭板、耳墙、桥台盖梁，选择"属性"栏的"材质"右侧的"小方块"，选择"C30"材质参数，点击"确定"，给桥台模型赋予 C30 的材质参数，如图 2.122 所示。同理，选中挡块及垫石，赋予橡胶的材质参数。最后将桥台盖梁载入项目中，进行桥台盖梁的放置，操作方法参考 2.6.5 在项目中放置盖梁族构件。

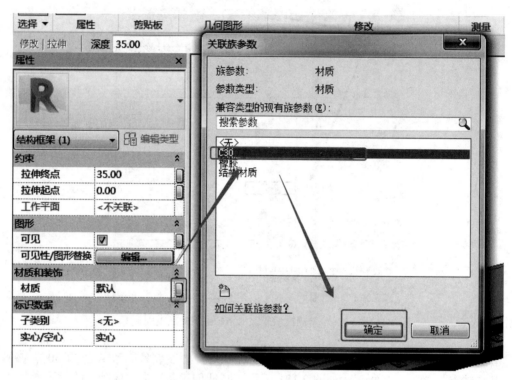

图 2.122　桥台搭板、耳墙、桥台盖梁材质添加

 任务拓展（"1+X" BIM 职业技能训练）

2.7.8　牛腿柱建模

牛腿是梁托的别名。在古建筑中，牛腿的学名叫作"撑栱"，其作用是衔接悬臂梁与挂梁，并传递来自挂梁的荷载。由于梁的相互搭接，中间还要设置传力支座来传递较大的竖直和水平反力，因此牛腿高度已削弱至不到梁高的一半，却又要传递较大的竖直和水平反力，这就使它成为上部结构中的薄弱部位。

悬臂体系的挂梁与悬臂间必然出现搁置构造，通常就是将悬臂端和挂梁端的局部构造称为牛腿，又称梁托，牛腿即牛腿柱。

如图 2.123 所示，根据给定的尺寸要求建立该牛腿柱的体量模型，文件以"牛腿柱"为文件名保存。（第四期 BIM 技能等级考试一级）

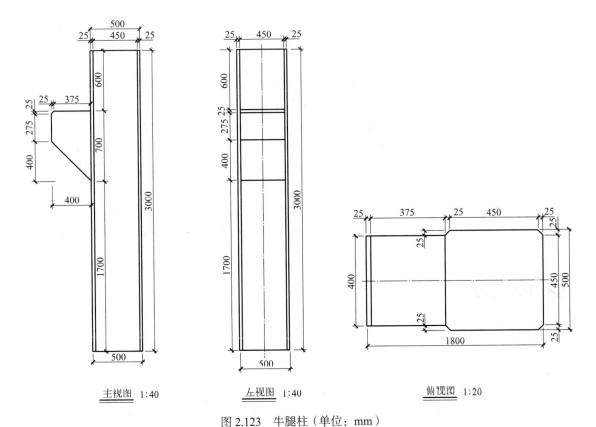

主视图 1:40   左视图 1:40   俯视图 1:20

图 2.123　牛腿柱（单位：mm）

素质教育

本项目主要学习了桥梁下部结构的模型搭建。模型搭建之前首先要绘制标高与轴网，为下部结构的定位与高程做参照；而实际工程中桥梁的建设也必须根据实际工程的环境、地质等综合条件选用合适的桥梁类型，确定最后的建设方案，整个过程始终应保持严谨认真、精益求精。接下来让我们学习中国工程师是如何在沪苏通长江公铁大桥中，实现了世界超级工程的壮举。

沪苏通长江公铁大桥为公铁两用桥，北起南通，南至张家港，主航道桥主跨 1092m，为国内最大跨度斜拉桥，也是世界最大跨度公铁两用斜拉桥。沪苏通长江公铁大桥靠近长江入海口，江面宽达 6km，日通行船舶超过 3 万艘，航运异常繁忙，这就要求大桥主跨必须为千米级。在沪苏通长江公铁大桥开建之前，世界上已建、在建同类型桥梁中，最大跨度仅 630m，沪苏通长江公铁大桥建成通车标志着世界公铁两用斜拉桥主跨迈入"千米级"时代。

想要让如此大跨径的斜拉桥"跨得稳""立得住"，主墩钢沉井是关键所在。大桥沉井基础体积大，面积相当于 12 个篮球场大小，总高度 110.5m，为世界最大体积沉井基础。沉井采用钢沉井整体制造、整体出坞、整体浮运。通过封闭部分沉井井孔，并往封闭井孔充气，巨型钢沉井就像鱼有了鱼鳔，不仅可以自浮，还能调节吃水深度、浮运过程中的空间姿态。为把这个"巨无霸"准确无误地固定在设计点，中铁大桥局开创性地采用了"大直径锚桩混凝土重力锚"方案，并引入计算机控制的多向同步快速定位技术，通过智能化装备，大幅提升定位的效率和精度，有效将钢索与钢沉井连接，达到共同固定钢沉井的目的，解决了千吨级水流力作用下钢沉井精确定位难题。

沪苏通长江公铁大桥沉井基础不仅在施工技术上有了重大进步，在施工过程中还突出了环保优先理念，在保证施工工期的同时，采取了有效措施维护施工区域生态环境，全力打造生态工程。具体来说，沪苏通长江公铁大桥的沉井基础首先是在船坞里生产，生产效率高，质量容易保证；"巨无霸"浮运就位后，现场完成拼装，对长江航道影响小；与群桩基础相比，优势在于不需要现场打桩，一方面减少了噪声污染，另一方面也避免泥浆流入长江，有效保护了水域生态环境。

沪苏通长江公铁大桥工程通过创新工艺和工法，提高作业效率、缩短水上施工时间，从而减少占用水域面积，减少施工噪声，有效降低施工对生态环境的影响，可视为长江生态保护的样本。

📖 知识巩固

1. 打开 Revit 新建项目，选择建筑样板在（　　　）中创建标高。
A. 立面　　　　　　　B. 参照平面　　　　　　　C. 楼层平面　　　D. 三维视图

2. 标高的作用是（　　　）。有以黄海、渤海、珠基等高程体系为基础的，也有建筑物本身的相对高程，基本单位为米。
A. 标出建筑各部分的相应高度　　　　　　B. 标出建筑各部分的高度
C. 标出建筑各部分的绝对高程　　　　　　D. 标出建筑的相应高度

3. 建筑模型设置标高，首层底标高设置为（　　　）。
A. 0　　　　　　　　　B. +0.000　　　　　　　C. −0.000　　　D. ±0.000

4. 用以下哪个命令可以快速绘制多个距离相等的轴网？（　　　）
A. 复制　　　　　　　B. 阵列　　　　　　　　C. 镜像　　　　D. 移动

5. 桩基础是通过承台把若干根桩的顶部联结成整体，共同承受动静荷载的一种（　　　）。
A. 深基础　　　　　　B. 浅基础　　　　　　　C. 柱形基础　　D. 筏形基础

6. 以下哪种土层适用于使用桩基础？（　　　）
A. 上部土层坚硬　　　　　　　　　　　　B. 浅层内存在持力层
C. 上部土层软弱，下部土层坚硬　　　　　D. 上部土层坚硬，下部土层软弱

7. 桩基础一般用以下哪类族样板来绘制？（　　　）
A. 自适应公制常规模型　　　　　　　　　B. 公制常规模型
C. 公制门　　　　　　　　　　　　　　　D. 公制结构柱

8. 可见性 / 图形的快捷键是（　　　）。
A.HH　　　　　　　　B.HI　　　　　　　　　C.VV　　　　　D.AH

9. 系梁位于（　　　）上。
A. 墩柱　　　　　　　B. 墙　　　　　　　　　C. 混凝土　　　D. 桥梁

10. 如何将一根轴网上的墩柱数量快速增多，成组并关联？（　　　）
A. 使用复制　　　　　B. 使用平移　　　　　　C. 使用阵列　　D. 使用镜像

11. 如何用三维模式查看问题？选择"项目浏览器"→（　　　）。

A."三维视图"　　　B."立面"　　　　　　　C.楼层平面　　　D.天花板平面

12. 在三维视图中选择一根墩柱后可通过（　　　）选择全部的墩柱。

A."左键"→按 Ctrl 依次点击

B."左键"→按 Shift 依次点击

C."右键"→"选择全部实例"→"在视图中可见"

D."右键"→"选择全部实例"→"整个项目中"

13. 依照图纸确定单位时，应在"管理"选项卡当中选择（　　　）。

A.项目单位　　　B.施工单位　　　　　　　C.创建单位　　　D.实施单位

14. 创建参照平面时，应在（　　　）选项卡中操作。

A."插入"　　　　B."管理"　　　　　　　C."创建"　　　　D."视图"

15. 载入到项目时在（　　　）选项卡中进行。

A."插入"　　　　B."管理"　　　　　　　C."创建"　　　　D."视图"

项目三　桥梁上部结构建模

任务 3.1　T 梁创建

 任务目标

能力目标

能够使用"公制常规模型"族模板创建 T 梁；

能够将参数化应用到 T 梁。

知识目标

理解 T 梁的概念；

掌握 T 梁的创建方法；

能够依照图纸创建 T 梁模型。

素质目标

提升专业基础素质；

培养自主学习的能力；

培养理论与实践相结合的学习思路 。

二维码 3.1

任务导入

依据 ×× 工程施工图设计图纸中的 T 梁典型横断面布置 S-05、T 梁一般构造 S-06，创建参照平面、梁肋、梁端隔板、中横隔板、中梁，修改材质。

操作流程

T 梁建模流程：新建"公制常规模型"族文件，使用"创建"工具进行 T 梁的创建，使用"参照平面"进行族参数化设置，最终完成 T 梁的创建。

3.1.1 基本信息

3.1.1.1 T 梁概念

T 梁指横截面形式为 T 形的梁，两侧挑出部分称为翼缘，其中间部分称为梁肋（或腹板）。由于其相当于是将矩形梁中对抗弯强度不起作用的受拉区混凝土挖去后形成的，因此除与原有矩形抗弯强度完全相同外，既节约了混凝土，又减轻了构件的自重，提高了跨越能力。

3.1.1.2 图纸导航

本任务使用的图纸为 ×× 工程施工图设计图纸中的 T 梁典型横断面布置 S-05、T 梁一般构造 S-06。

 **任务实施**

3.1.2 创建参照平面

打开 Revit 新建族，新建"公制常规模型"样板族，如图 3.1 所示。

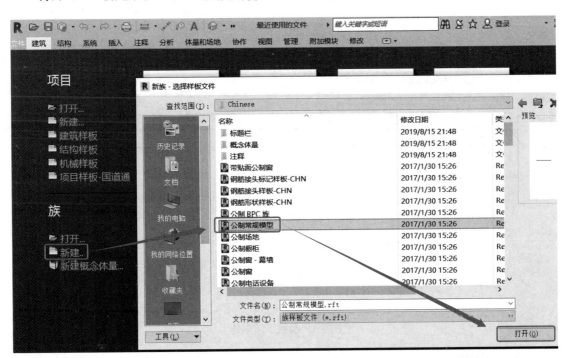

图 3.1　新建公制常规模型样板族

依据图纸 T 梁典型横断面布置 S-05，在"管理"选项卡当中，单击"项目单位"，将长度单位改为"毫米"→"确定"，如图 3.2 所示。

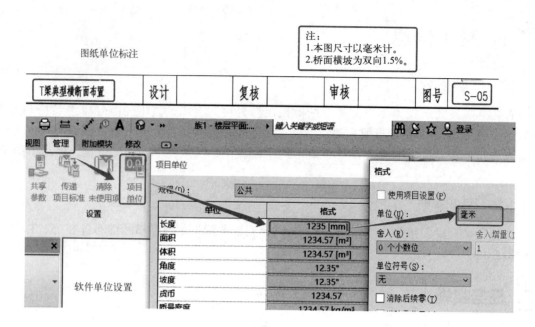

图 3.2　长度单位确定

选择"创建"选项卡→"参照平面"工具，依据图纸 T 梁一般构造 S-06 绘制参照平面，绘制结果如图 3.3 所示。

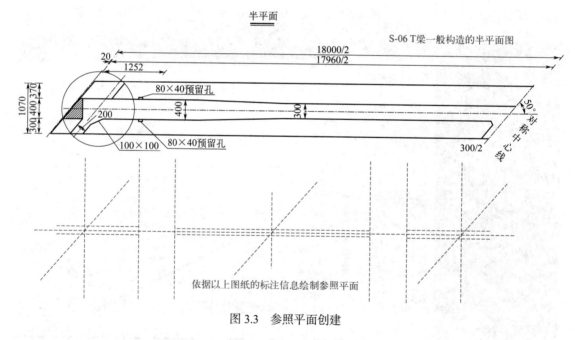

图 3.3　参照平面创建

3.1.3　创建梁肋

选择"创建"选项卡→"拉伸"→"修改｜创建拉伸"→"绘制"→"直线"，依据图纸 T 梁一般构造 S-06 在绘图区的中心，绘制草图，如图 3.4 所示。在"修改｜创建拉伸"→"模式"→"对勾"结束拉伸的草图绘制，软件会自动给模型一个厚度来建成三维模型，如图 3.5 所示。

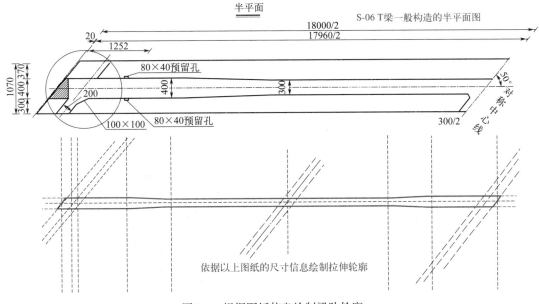

图 3.4　根据图纸信息绘制梁肋轮廓

图 3.5　梁肋三维模型

拉伸结束后根据图纸 T 梁一般构造 S-06 的跨中横断面图调整模型高度。先选中梁肋模型，在"属性"栏中修改梁肋"拉伸终点"为"950"，如图 3.6 所示。

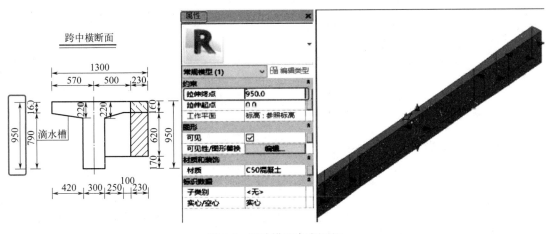

图 3.6　梁肋模型高度调整

族的参数化设置首先将模型的可拉伸面与参照平面锁定，接着进行关键数据的尺寸标注，最后对该标注进行参数化。在"项目浏览器"中，选择"立面"→"左"来到左立面，将梁肋高度进行参数化设置（参数化设置方式参考项目二2.3.3族参数化设置）完成后，如图3.7所示。

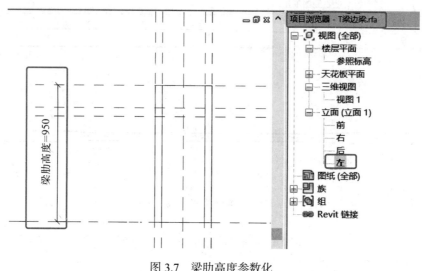

图3.7　梁肋高度参数化

依据图纸T梁一般构造S-06中的跨中横断面图，完成翼板的创建。在"项目浏览器"中，选择"立面"→"左"来到左立面，在"创建"选项卡中，选择"拉伸"→"修改 | 创建拉伸"→"绘制"→"直线"在绘图区内进行翼板的绘制，如图3.8所示。在"修改 | 创建拉伸"选项卡中，选择"模式"→"对勾"结束拉伸草图的绘制，软件会自动给模型一个厚度来建成三维模型，可通过拖拽箭头来改变翼板厚度，如图3.9所示。

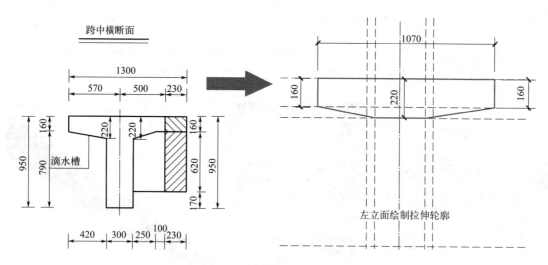

图3.8　绘制翼板左立面轮廓

将翼板厚度拉伸至覆盖住梁肋长度（具体长度不做规定，应后续利用空心拉伸进行剪切），完成翼板的创建。如图3.10所示。

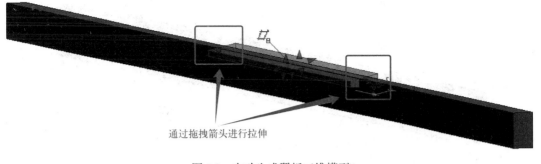

通过拖拽箭头进行拉伸

图 3.9　自动生成翼板三维模型

图 3.10　翼板三维模型

进入"参照标高"平面视图，对多余的翼板进行剪切，选择"创建"→"空心形状"→"空心拉伸"开始绘制，如图 3.11 所示。

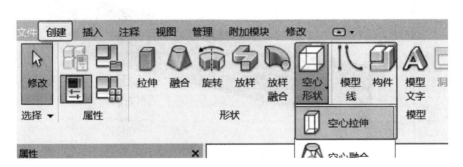

图 3.11　"空心拉伸"命令的选择

根据梁肋的两侧边缘对多余的翼板进行空心剪切绘制，如图 3.12 所示。选择"修改｜创建拉伸"→"模式"→"对勾"结束拉伸的草图绘制，空心剪切后的模型如图 3.13 所示。

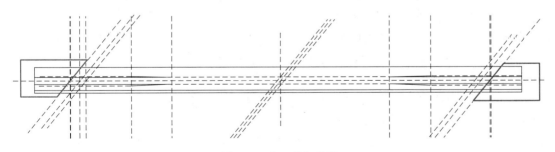

图 3.12　空心剪切轮廓

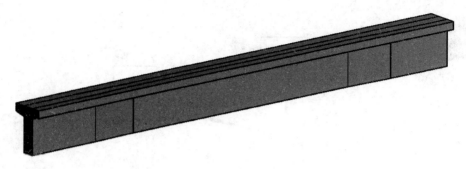

图 3.13　完成后的翼板三维模型

将剪切好的翼板进行连接，选择"修改"选项卡→"连接"，依次选择要连接的模型构件，如图 3.14 所示。

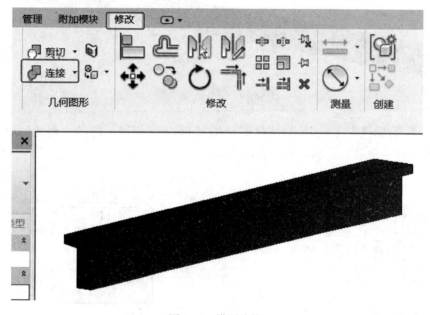

图 3.14　模型连接

3.1.4　创建端横隔板

依据图纸 T 梁一般构造 S-06 中的半立面和半平面图的左半部分和 A 大样图，创建端横隔板。在参照标高视图，选择"创建"→"拉伸"工具，在弹出的"修改 | 创建拉伸"中选择"绘制"→"直线"，在绘图区的中心绘制轮廓线，绘制结果如图 3.15 所示。选择"修改 | 创建拉伸"→"模式"→"对勾"，将拉伸起点改为 550，拉伸终点改为 950，将横隔板与 T 梁模型进行连接，完成绘制，如图 3.16 所示。

第二块端横隔板绘制，同理在"参照标高"视图，根据图纸 T 梁一般构造 S-06，选择"创建"选项卡→"拉伸"工具，在弹出的"修改 | 创建拉伸"→"绘制"→"直线"，绘制完草图，如图 3.17 所示。选择"修改 | 创建拉伸"→"模式"→"对勾"，将拉伸起点改为 170，拉伸终点改为 950，再将其与 T 梁主体进行连接，连接后的模型如图 3.18 所示。

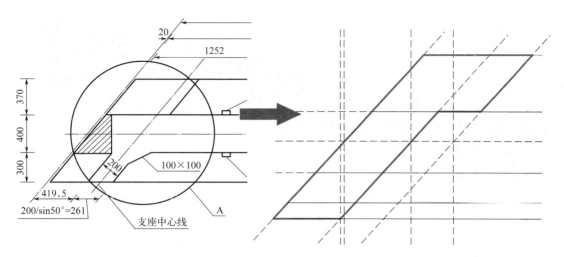

图 3.15　根据图纸绘制端横隔板轮廓

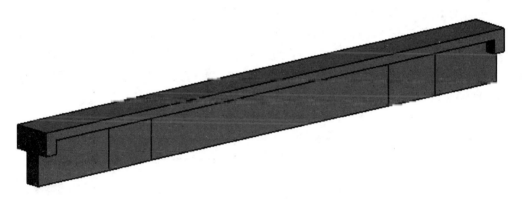

图 3.16　横隔板与 T 梁模型连接

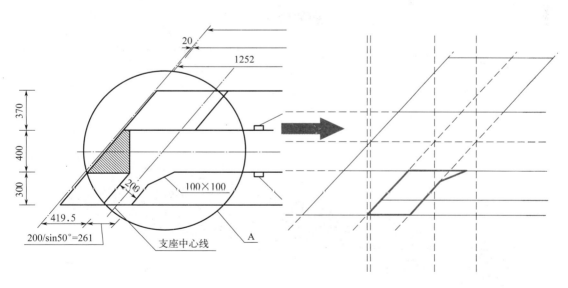

图 3.17　根据图纸绘制第二块端横隔板轮廓

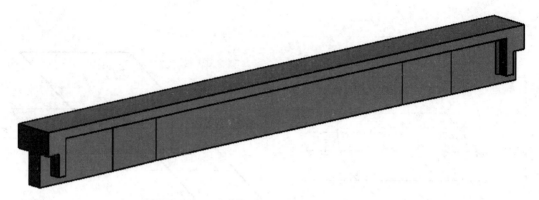

图 3.18　第二块端横隔板与主体连接后的三维模型

3.1.5　创建中横隔板

依据图纸 T 梁一般构造 S-06 中的梁端横断面图创建中横隔板。在"参照标高"视图，选择"创建"选项卡→"拉伸"工具，在弹出的"修改 | 创建拉伸"选项卡中选择"绘制"→"直线"，绘制完草图，绘制结果如图 3.19 所示。选择"修改 | 创建拉伸"→"模式"→"对勾"，拉伸起点为 170，拉伸终点为 950，再将其与 T 梁主体进行连接，连接后的模型如图 3.20 所示。

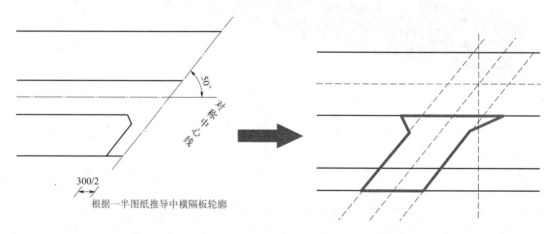

图 3.19　根据图纸绘制中横隔板轮廓

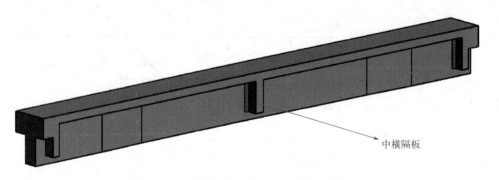

图 3.20　中横隔板与主体连接后的三维模型

桥梁工程 BIM 建模技术

3.1.6　修改材质

依据图纸 T 梁一般构造 S-06 修改材质，在三维视图中框选所有图形，然后按"Shift"键取消选择空心模型，在"属性"工具栏中，点击"材质"，修改材质，如图 3.21 所示。单击"材质浏览器"底部的"新建材质"，软件自动选中"默认为新材质"，在"标识"栏，将该材质重命名为"C50 混凝土"，如图 3.22 所示，选择 ▤ 在"资源浏览器"中搜索"C50"，双击"混凝土"材质，单击"确定"，如图 3.23 所示。

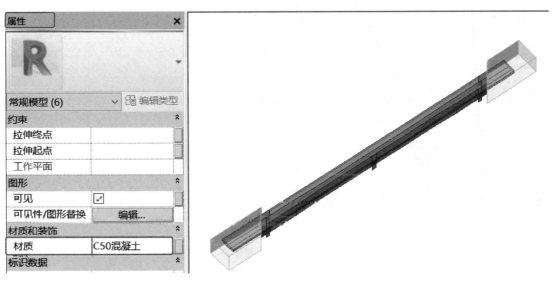

图 3.21　T 梁边梁板材质修改 1

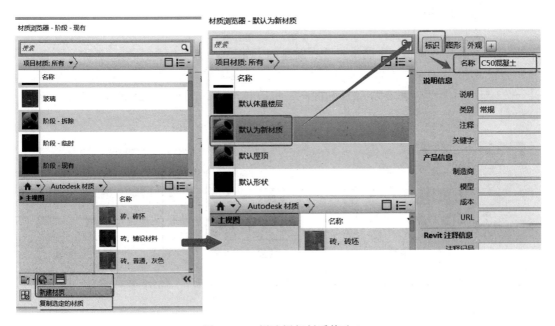

图 3.22　T 梁边梁板材质修改 2

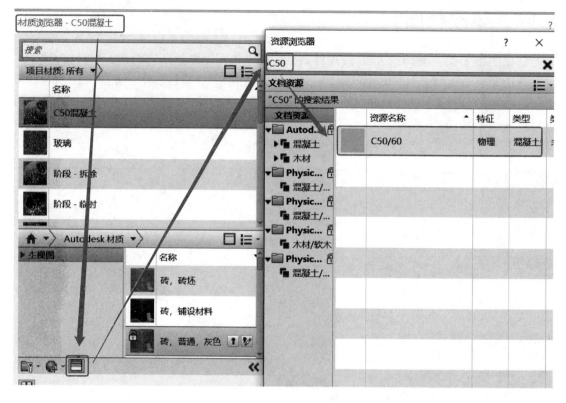

图 3.23　T 梁边梁板材质修改 3

选择"保存"，并且将保存的名称命名为"T 梁边梁"。

3.1.7　创建中梁

将 T 梁边梁文件复制一个副本，并在此基础上编辑，绘制 T 梁中梁。

将视图切换至"左"立面，选中梁肋，单击"编辑拉伸"，如图 3.24 所示，根据图纸 T 梁一般构造（中梁）S-06 的梁端横断面图，更改拉伸轮廓，如图 3.25 所示，单击"对勾"完成绘制。

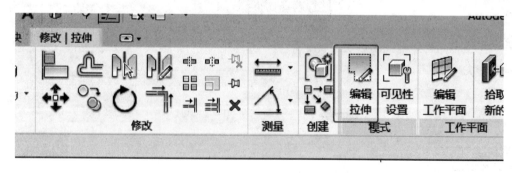

图 3.24　"编辑拉伸"命令选择

切换至"参照标高"视图，选中边横隔板，单击"编辑拉伸"，根据图纸 T 梁一般构造

（中梁）S-06 的半平面和 A 大样图，将边横隔板的拉伸轮廓进行更改，如图 3.26 所示。同理选中中横隔板，单击"编辑拉伸"，根据图纸 T 梁一般构造（中梁）S-06 的半平面图，将中横隔板拉伸轮廓进行更改，如图 3.27 所示，单击"对勾"完成绘制，单击"保存"，并重命名为"T 梁中梁"，T 梁中梁模型绘制完毕。

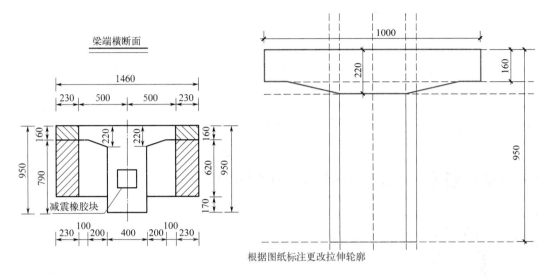

图 3.25　更改中梁拉伸轮廓

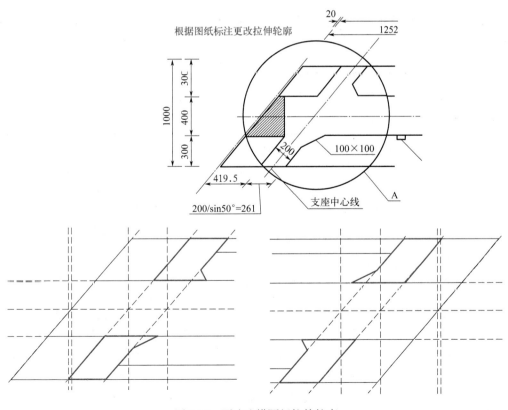

图 3.26　更改边横隔板拉伸轮廓

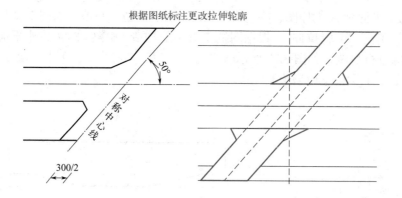

根据图纸标注更改拉伸轮廓

图 3.27 更改中横隔板的拉伸轮廓

 任务拓展（"1+X" BIM 职业技能训练）

3.1.8 螺母模型建模

螺母又称为螺帽，是与螺栓或螺杆拧在一起用来起紧固作用的零件，它是所有生产制造机械必须用的一种元件，根据材质的不同，分为碳钢、不锈钢、有色金属（如铜）等几大类型。

根据图 3.28 所给定的投影尺寸，创建螺母模型，并保存文件。（第六期 BIM 技能等级考试一级）

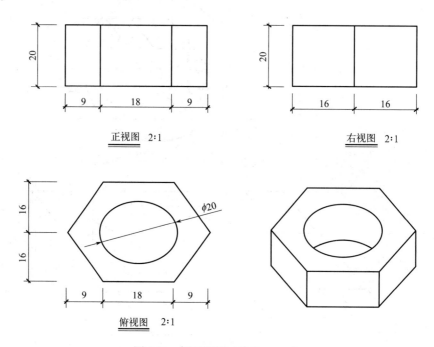

图 3.28 螺母图纸（单位：mm）

任务 3.2　湿接缝创建

任务目标

能力目标

能够了解湿接缝的详细构造；
能够依照图纸创建湿接缝模型。

知识目标

理解湿接缝的概念；
掌握湿接缝的创建方法。

素质目标

培养认真负责的专业精神；
提高逻辑思维能力。

二维码 3.2

任务导入

依据 ×× 工程施工图设计图纸中的 T 梁典型横断面布置 S-05、T 梁一般构造 S-06，创建现浇翼缘板、现浇横隔板，并修改材质，调整湿接缝的位置。

操作步骤

湿接缝建模流程：打开之前创建好的 T 梁族文件，使用"参照平面"画出大致轮廓，使用"拉伸"绘制现浇翼缘板。使用"拉伸"创建现浇横隔板，再删除之前的 T 梁，将湿接缝的位置摆放到中心位置。使用"连接"工具连接横隔板和翼缘板。根据图纸所示给予模型材质属性，并另存为另一个族。

3.2.1　基本信息

3.2.1.1　湿接缝概念

湿接缝是指预应力混凝土梁体分块预制、悬臂拼装成大跨度连续梁时，梁体间采用现浇混凝土把梁块连成整体的接缝。

3.2.1.2　图纸导航

本任务使用的图纸为 ×× 工程施工图设计图纸中的 T 梁典型横断面布置 S-05、T 梁一般构造 S-06。

 **任务实施**

3.2.2　创建现浇翼缘板

打开已经创建的 T 梁边梁族文件，使用"参照平面"画出大致轮廓，使用"拉伸"命令绘制现浇翼缘板。

点击"应用程序按钮"，光标放在"打开"上，在弹出的界面中选择"族"，如图 3.29 所示，双击选择"T 梁——边梁"如图 3.30 所示。

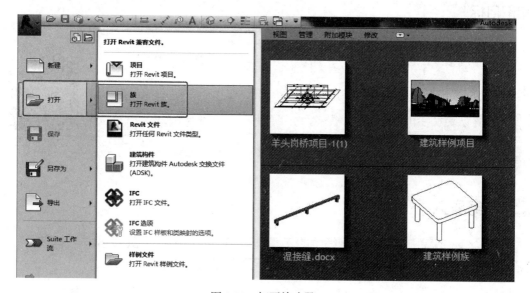

图 3.29　打开族步骤

图 3.30　打开 T 梁

选择"项目浏览器"→"楼层平面"→"参照标高"视图。在"创建"选项卡当中选择"参照平面",绘制一个参照平面(该参照平面与边梁下边缘平齐)。并单击绘制好的参照平面,向左和向右延伸,调整其长度到合适位置,如图3.31所示。

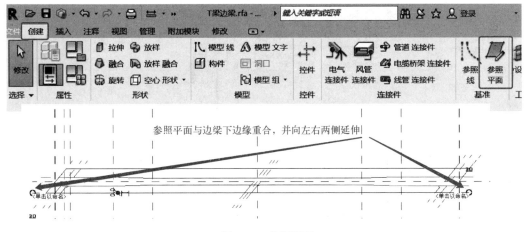

图3.31 参照平面

点击创建好的参照平面,选择"修改 | 参照平面"→"复制"工具,再次点击创建好的参照平面,向下复制并输入参数"460",点击键盘"Enter"键结束,如图3.32所示。

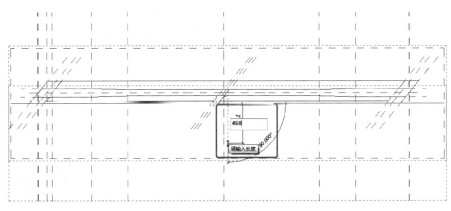

图3.32 复制参考平面

点击选项卡中的"创建"→"拉伸",如图3.33所示。

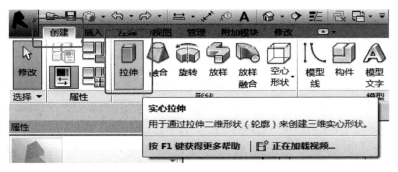

图3.33 拉伸命令

点击"修改 | 创建拉伸"→"绘制"→"直线"开始绘制图形，将起点与终点闭合，图形绘制结束确认无误后点击"修改 | 创建拉伸"→"模式"→"对勾"完成绘制，如图 3.34 所示。

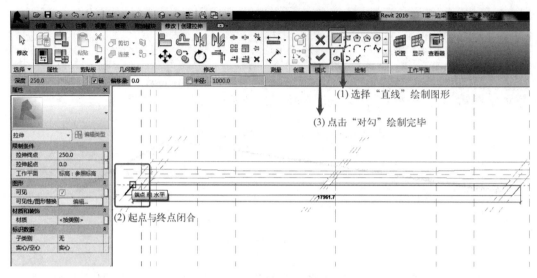

图 3.34　拉伸轮廓的绘制

点击"项目浏览器"→"三维视图"→"三维"（或者"视图 1"），根据图纸 T 梁一般构造 S-06 的梁端横断面，修改"属性"选项卡中"拉伸终点"的数据为"950"，"拉伸起点"的数据为"790"，如图 3.35 所示。

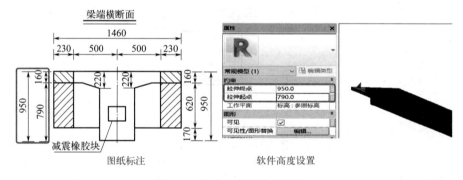

图 3.35　终点、起点数值调整

3.2.3　创建现浇横隔板

使用"拉伸"命令创建现浇横隔板，再用"连接"工具连接横隔板和翼缘板。点击选项卡中的"创建"→"拉伸"→"修改 | 创建拉伸"→"绘制"→"直线"，绘制横隔板轮廓，绘制结果如图 3.36 所示。框选轮廓图形，点击"修改 | 创建拉伸"→"复制" ，选择一个端点将图形复制到右面端点，复制完毕后点击"修改 | 创建拉伸"→"模式"→"对勾"，如图 3.37 所示。

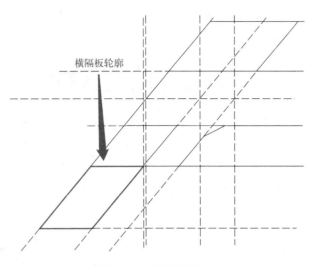

图 3.36　横隔板轮廓

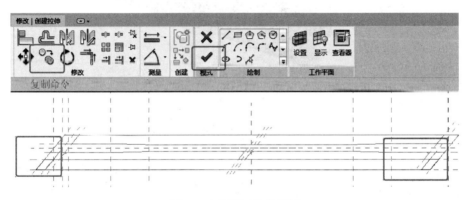

图 3.37　横隔板轮廓复制

点击"项目浏览器"→"三维视图"→"三维"（或者"视图 1"），根据图纸 T 梁一般构造 S-06 的半立面标注，修改"属性"选项卡中"拉伸终点"的数据为"950"，"拉伸起点"的数据为"550"，如图 3.38 所示。

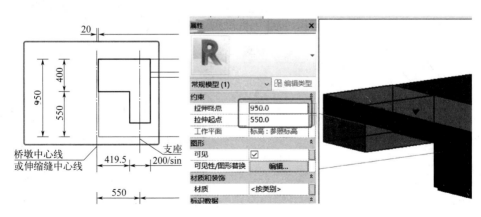

图 3.38　终点、起点数值调整

点击"修改"→"连接"，依次单击点击画好的 2 个族构件，将其连接成为一个整体，如图 3.39 所示。

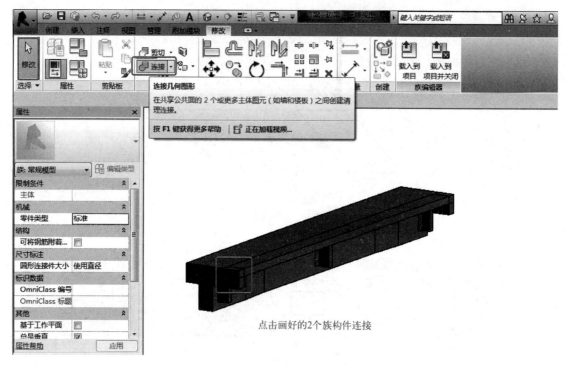

点击画好的2个族构件连接

图 3.39 构件连接

绘制中横隔板，选择选项卡中的"创建"→"拉伸"→"修改 | 创建拉伸"→"绘制"→"直线"，绘制中横隔板轮廓，绘制结果如图 3.40 所示。框选轮廓，点击"修改 | 创建拉伸"→"复制" ，选择一个端点将图形复制到左右两侧，点击"修改 | 创建拉伸"→"模式"→"对勾"，如图 3.41 所示。

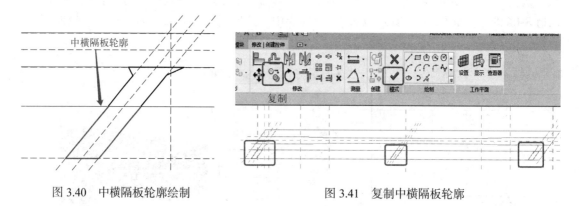

图 3.40 中横隔板轮廓绘制　　　　　图 3.41 复制中横隔板轮廓

点击"项目浏览器"→"三维视图"→"三维"（或者"视图 1"），根据 T 梁一般构造图纸 S-06，修改"属性"选项卡中"拉伸终点"的数据为"950"，"拉伸起点"的数据为"170"，如图 3.42 所示。

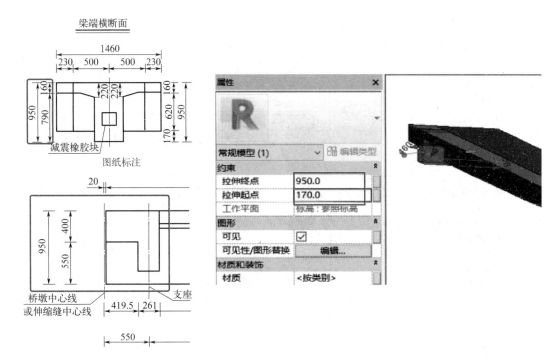

图 3.42　中横隔板拉伸厚度调整

点击"修改"选项卡→"连接"，依次点击画好的 2 个族构件将其连接成为一个整体，连接好的构件模型如图 3.43 所示。

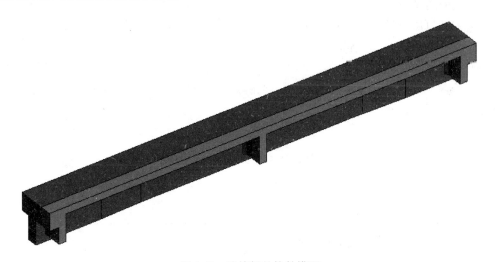

图 3.43　连接好的构件模型

3.2.4　修改材质

根据图纸 T 梁一般构造 S-06 里的材质标识，修改模型材质。点击湿接缝族构件→"属性"→"材质"后的方框→"C50 混凝土"→"确定"（或者双击"C50 混凝土"），如图 3.44 所示。

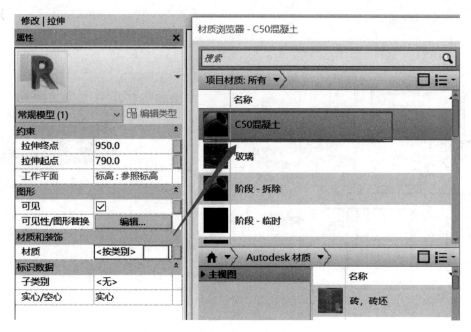

图 3.44　混凝土材质修改

3.2.5　调整湿接缝位置

删除之前的 T 梁模型，将湿接缝的位置摆放到中心位置。

单击"项目浏览器"→"楼层平面"→"三维"（或者"视图 1"），选择 T 梁部分的族构件点击键盘"Delete"键删除。

单击"项目浏览器"→"楼层平面"→"参照标高"，进入"参照标高"视图，框选之前绘制好的参照线，单击键盘"Delete"键删除。在距离湿接缝上边缘"230"处，绘制一条横向参照平面，如图 3.45 所示。

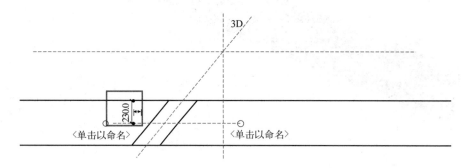

图 3.45　横向参照平面

选中湿接缝，单击"修改 | 拉伸"→"移动"，以两条参照平面相交点为基准，将湿接缝移动到中心处。湿接缝位置调整完毕，如图 3.46 所示。

单击"文件"→"另存为"→"族"，如图 3.47，选择桌面，文件命名为"湿接缝"，确认保存，如图 3.48 所示。

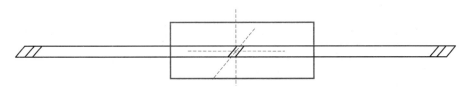

图 3.46　湿接缝位置调整

图 3.47　另存为族

图 3.48　文件命名为"湿接缝"

任务拓展（"1+X"BIM 职业技能训练）

3.2.6　绘制族构件

根据图 3.49 所给定尺寸绘制族构件。（第二期 BIM 技能等级考试一级）

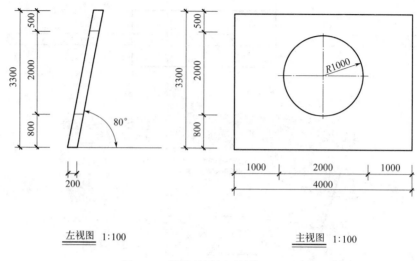

左视图 1:100 主视图 1:100

图 3.49 族构件图纸（单位：mm）

任务 3.3 桥梁构件拼接

 任务目标

能力目标

能够了解桥梁构件如何拼接；
能够依照提示完成构件拼接。

知识目标

理解构件拼接的概念；
掌握构件拼接的创建方法。

素质目标

提高专业的细节严谨度；
提高对三维软件的兴趣；
培养大国工程的爱国主义精神。

二维码 3.3

任务导入

依据 ×× 工程施工图设计图纸中的 T 梁典型横断面布置 S-05、T 梁一般构造 S-06，创建公制常规模型，放置 T 梁中梁、湿接缝、T 梁边梁。

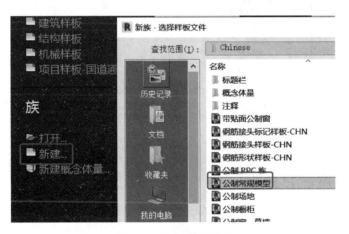

操作步骤

桥梁构件拼接建模流程：新建"公制常规模型"，打开"族"，载入之前创建好的桥梁构件及湿接缝。

3.3.1　基本信息

3.3.1.1　桥梁构件

桥梁按结构组成分为数个部件（依据的标准不同，部件有 16 或 17 项），构件是部件的下一级分类，如对于简支 T 形梁桥，所有的 T 梁组成一个部件，每一片单独 T 梁是一个构件。

3.3.1.2　图纸导航

本任务使用的图纸为 ×× 工程施工图设计图纸中的 T 梁典型横断面布置 S-05、T 梁一般构造 S-06。

任务实施

根据图纸将 T 梁和湿接缝进行有序拼接。

3.3.2　创建公制常规模型

创建公制常规模型，点击"新建"→"公制常规模型"，如图 3.50 所示。

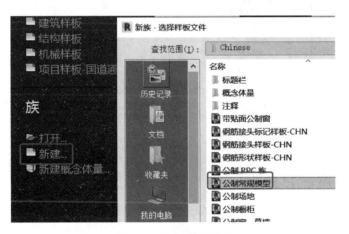

图 3.50　公制常规模型

3.3.3　放置 T 梁中梁

单击"插入"选项卡→"载入族"，找到之前保存的"T 梁 - 边梁""T 梁 - 湿接缝"和

"T梁-中梁"，借助"Ctrl"键都选中，单击"打开"，载入到文件中，如图3.51所示。

图 3.51　构件载入

在"参照标高"视图，选择"项目浏览器"→"族"→"常规模型"→"T梁中梁"，单击右键→"创建实例"（左键），如图3.52所示。鼠标光标放在中心界面点击，如图3.53所示，第一个中梁放置结束。

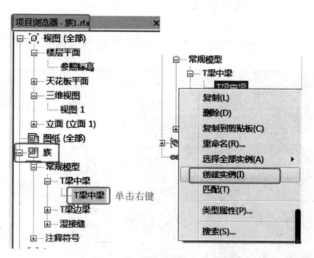

图 3.52　放置 T 梁中梁

图 3.53　第一个中梁放置

在"创建"选项卡当中，选择"参照平面"，绘制参照平面，并单击绘制好的参照平面调整其长度到合适位置，绘制结果如图 3.54 所示。

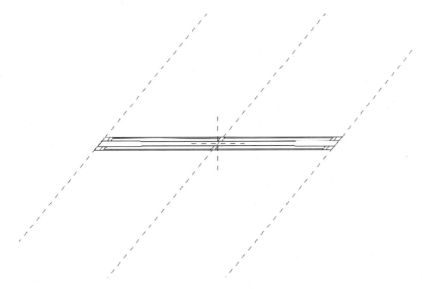

图 3.54　参照平面绘制

选中已经放置的 T 梁中梁，点击"修改｜常规模型"→"阵列" →取消"成组并关联"→修改"项目数"为"8"，第一点定位到中梁，向上平移，距离输入"1460"（中梁宽度 1000+ 湿接缝 460），如图 3.55 所示。

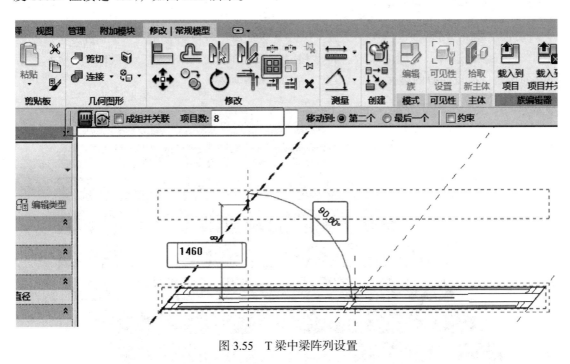

图 3.55　T 梁中梁阵列设置

单击选中 T 梁，点击"移动" 将其移动至合适的位置，如图 3.56 所示。

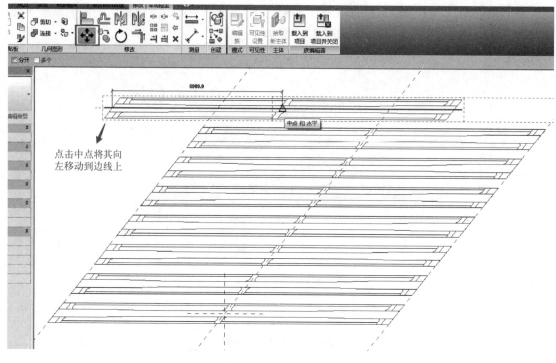

点击中点将其向
左移动到边线上

图 3.56　T 梁中梁移动

3.3.4　放置湿接缝

同理，选择"项目浏览器"→"族"→"常规模型"→"湿接缝"，单击右键→"创建实例"（左键），进行湿接缝的放置。将湿接缝放置到中梁之间的空隙，如图 3.57 所示。借助阵列功能，放置所有的湿接缝（共 8 个），如图 3.58 所示。

图 3.57　湿接缝放置

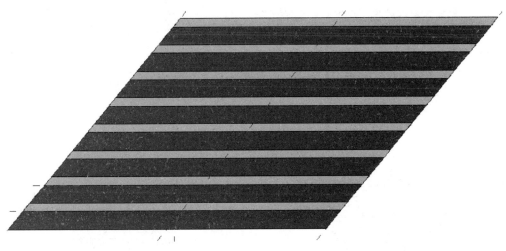

图 3.58　湿接缝阵列

3.3.5　放置 T 梁边梁

选择"项目浏览器"→"族"→"常规模型"→"T 梁边梁",单击右键→"创建实例"(左键)。将边梁放置在最上方,与湿接缝相连,如图 3.59 所示。

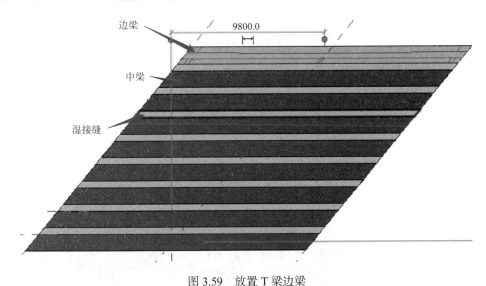

图 3.59　放置 T 梁边梁

3.3.6　中梁、边梁和湿接缝镜像

选中放置的所有中梁、边梁和湿接缝,单击"镜像"(拾取轴)，如图 3.60 所示。该操作需要两次镜像才可以完成,第一次拾取的轴为横向参照线,第二次拾取的轴为竖向参照线,完成后将右面多余的构件删除,如图 3.61 所示。完成后的三维效果如图 3.62 所示。

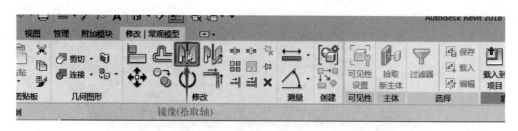

图 3.60　"镜像（拾取轴）"命名

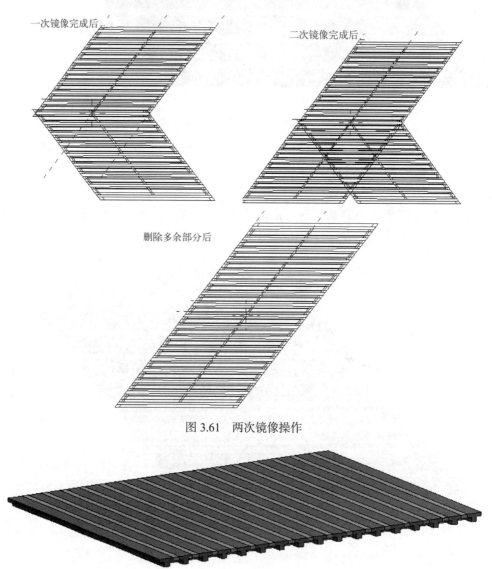

图 3.61　两次镜像操作

图 3.62　三维效果图

3.3.7　放置 T 梁

单击"载入到项目"，进入项目的"项目浏览器"中"桩、柱顶标高"视图，进行 T 梁的放置，如图 3.63 所示。

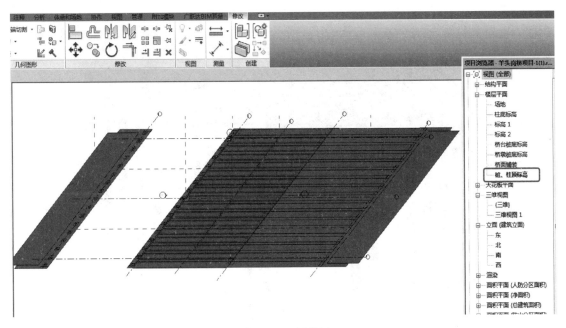

图 3.63　T 梁放置

选中其中一个族，"复制" 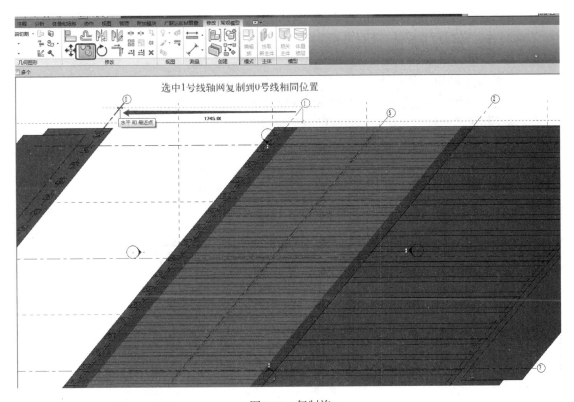，如图 3.64 所示，复制完成回到三维视图，如图 3.65 所示。

图 3.64　复制族

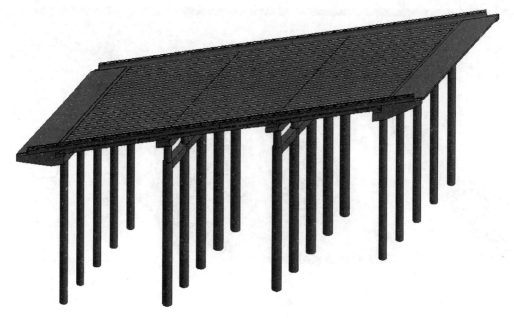

图 3.65　三维模型

 任务拓展（"1+X" BIM 职业技能训练）

3.3.8　镂空混凝土砌块建模

镂空混凝土砌块，是以水泥、砂、石等普通混凝土材料制成的，其空心率为 25% ～ 50%。混凝土小型空心砌块适用于建筑地震设计烈度为 8 度及 8 度以下地区的各种建筑墙体，包括围墙、挡土墙、桥梁和花坛等市政设施，应用范围十分广泛。

根据图 3.66 所给尺寸，绘制镂空混凝土砌块。（第十三期 BIM 技能等级考试一级）

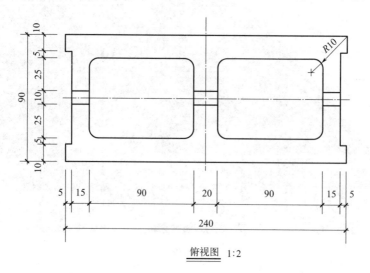

俯视图　1:2

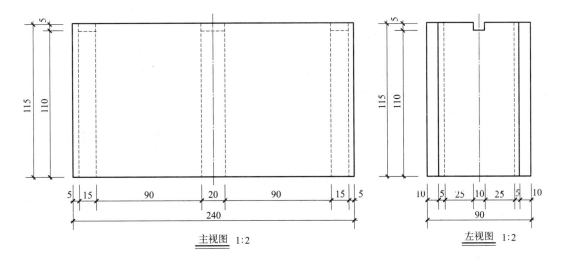

主视图 1:2   左视图 1:2

图 3.66　镂空混凝土砌块图（单位：mm）

📝 素质教育

　　本项目的内容为桥梁上部结构的模型搭建，包括构件模型创建和构件拼接。桥梁下部结构是桥梁的荷载根基，而上部结构则为桥梁实际应用价值和意义的直接体现。在我国桥梁发展历史中涌现出很多著名的桥梁专家，在他们身上看到了独立自主、自力更生、开拓进取、不怕牺牲、无私奉献、精益求精的精神，这种精神在我国著名桥梁专家茅以升身上得到了充分体现，下面将他的桥梁故事分享给大家：

茅以升　中国桥魂

　　在江苏镇江的润扬大桥公园内，坐落着茅以升纪念馆。馆内展出茅以升遗物、生平事迹照片资料等，默默讲述着他坚定爱国、努力奋斗的一生。

　　茅以升，江苏镇江人，生于 1896 年，我国著名的桥梁学家、教育家、社会活动家。中学毕业后，茅以升考入唐山工业专门学校土木系。1916 年，从唐山工业专门学校毕业后，茅以升考取清华官费赴美国留学。1917 年，茅以升毕业于美国康奈尔大学研究院桥梁专业，获硕士学位；此后，又获卡耐基－梅隆理工学院工学博士学位。其博士论文《框架结构的次应力》的科学创见，被称为"茅氏定律"。

　　谢绝了国外好几家公司的重金聘请，怀着"科学救国""工程救国"的志向，茅以升毅然回国。他先后任唐山工业专门学校教授，南京东南大学工科教授兼主任，南京河海工科大学校长，天津北洋工学院院长兼教授，交通部桥梁设计工程处处长，中国桥梁公司总经理等。

　　回国后的茅以升目睹的是：中国的江河湖海上，都是外国人造的桥。20 世纪 30 年代，茅以升任钱塘江大桥工程处处长，主持修建我国第一座公路铁路两用的现代化大桥——钱塘江大桥。卢沟桥事变后，日本帝国主义加快了侵略中国的步伐。钱塘江大桥竣工不到三个月，杭州沦陷。为阻止日军进攻，茅以升亲手点燃了导火索，炸毁了这座饱含自己心血的大桥。

新中国成立后，茅以升任铁道技术研究所所长、铁道科学研究院院长等职。

茅以升的足迹遍布大江南北，他的名字和新建的大桥一起留在祖国各地。1955 年至 1957 年，茅以升任武汉长江大桥技术顾问委员会主任委员，接受修建我国第一个跨越长江的大桥——武汉长江大桥的任务。这座大桥是公路铁路两用的双层钢桁梁桥，大桥将京汉铁路和粤汉铁路衔接起来，成为我国贯穿南北的交通大动脉，并把武汉三镇联成一体，确保了我国南北地区铁路和公路网联成一体。

茅以升一生学桥、造桥、写桥。他在中外报刊发表文章 200 余篇。主持编写了《中国古桥技术史》及《中国桥梁——古代至今代》（有日、英、法、德、西班牙五种文本），著有《钱塘江桥》《武汉长江大桥》《茅以升科普创作选集》《茅以升文集》等。

在新中国成立后的几十年中，茅以升始终把入党作为自己毕生的理想和追求，并用党员标准要求自己。1987 年 10 月，茅以升如愿加入中国共产党。他在入党申请书中这样写道："我已年逾九十，能为党工作之日日短，而要求入党之殷切愿望与日俱增。"

1989 年 11 月 12 日，茅以升病逝。

2019 年，茅以升被授予"最美奋斗者"荣誉称号。

📖 知识巩固

1. 一般图纸的项目单位为（　　　）。

A. 毫米　　　　　　B. 厘米　　　　　　C. 米　　　　　　D. 依据图纸确定

2.（　　　）设置使模型的可拉伸面与参照平面锁定，进行关键数据的尺寸标注，方便对模型进行参数化。

A. 族参数化　　　　　　　　　　　B. 族样板参数化

C. 公制常规模型　　　　　　　　　D. 概念体量

3. 将剪切好的翼板进行连接，在（　　　）选项卡当中进行。

A."插入"　　　B."管理"　　　C."创建"　　　D."修改"

4. 绘制参照平面时，在"项目浏览器"中选择"楼层平面"→"参照标高"，然后在"管理"选项卡当中选择（　　　）进行绘制。

A."设置"　　　B."显示"　　　C."参照平面"　　　D."参照线"

5. 复制族时，在（　　　）选项卡中进行。

A."修改"　　　B."管理"　　　C."创建"　　　D."视图"

6. 在 Revit 中，参照平面的快捷键是（　　　）。

A. CP　　　　　B. WE　　　　　C. CZ　　　　　D. RP

7. 在 Revit 中，镜像的快捷键是（　　　）。

A. CP　　　　　B. MM　　　　　C. CZ　　　　　D. RP

8. 现浇翼缘板和现浇横隔板绘制好后要用（　　　）工具拼接。

A."融合"　　　B."粘贴"　　　C."连接"　　　D."合并"

9. 创建现浇翼缘板应在（　　　）中创建。

A."结构样板"　　　B."建筑样板"　　　C."构造样板"　　　D."族"

10. 模型材质修改在（　　　）修改。

A."选项卡"　　　B."项目浏览器"　　　C."属性"栏　　　D."工作平面"

11. 湿接缝位置调整需要用到（　　）工具。

A. "调整"　　　　　B. "移动"　　　　　C. "拖动"　　　　　D. "位移"

12. 绘制参照线应在（　　）上绘制。

A. "轴网"　　　　　B. "参照标高"　　　　C. "参照平面"　　　　D. "立面"

13. 调节参照线的角度应使用（　　）工具。

A. "调整"　　　　　B. "角度"　　　　　C. "旋转"　　　　　D. "移动"

14. 湿接缝的作用是（　　）两个梁体。

A. 链接　　　　　　B. 粘合　　　　　　C. 支撑　　　　　　D. 放置

15. "移动"命令的快捷键是（　　）。

A. MA　　　　　　　B. TR　　　　　　　C. MV　　　　　　　D. RO

项目四　桥梁附属设施建模

任务 4.1　桥面铺装创建

 任务目标

能力目标

能够使用项目文件，绘制道路桥面铺装模型；
能够依照图纸创建桥面铺装。

知识目标

理解桥面铺装的概念；
掌握桥面铺装的创建方法。

素质目标

提高课程融合的学习能力；
培养自主意识；
提升实事求是的职业操守。

二维码 4.1

任务导入

依据 ×× 工程施工图设计图纸的桥面铺装钢筋布置 S-29，创建标高、桥面铺装，调整视图范围。

操作流程

桥面铺装建模流程：分别创建楼板模型，调整各部件大小与材质，完成拼装并保存成果。

4.1.1 基本信息

4.1.1.1 桥面铺装概念

桥面铺装是指铺筑在桥面板上的防护层,用以防止车轮(或履带)直接磨耗桥面板,并扩散车轮荷载,也为车辆提供平整防滑的行驶表面。

4.1.1.2 图纸导航

本任务使用的图纸为××工程施工图设计图纸的桥面铺装钢筋布置 S-29。

 **任务实施**

4.1.2 创建标高及调整视图范围

打开项目文件,单击"项目浏览器"→"东"立面,如图 4.1 所示。在弹出的界面中单击"标高",绘制一条标高,将名字改为桥面铺装,点击"移动"将创建好的标高移动到 T 梁构件上方,结果如图 4.2 所示。

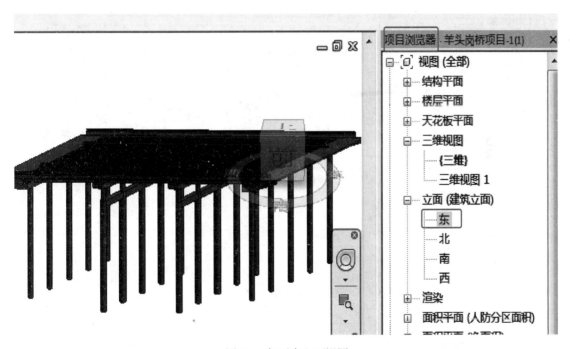

图 4.1 打开东立面视图

进入"桥面铺装"视图,单击"属性"栏里的"视图范围"→"编辑"→"底"→"无限制"→"确定",如图 4.3 所示。

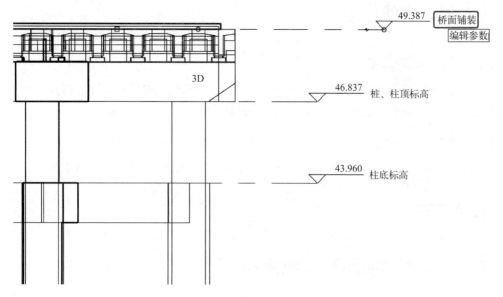

图 4.2　创建桥面铺装标高

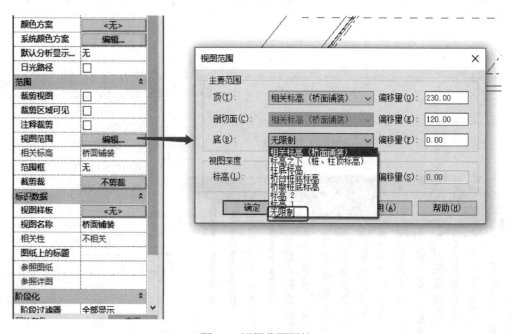

图 4.3　视图范围调整

4.1.3　创建桥面铺装

单击"结构"选项卡→"楼板"命令，如图 4.4 所示，进入草图模式。绘制桥面铺装模型，选择"直线"→"边界线"，在草图上方画一条直线，长度为"5340"，如图 4.5 所示。

图 4.4　"楼板"命令选择

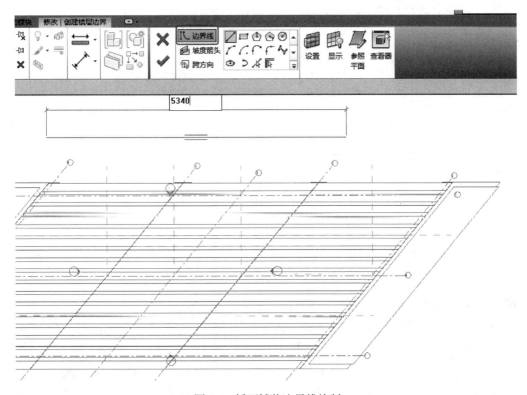

图 4.5　桥面铺装边界线绘制

选中这条直线，点击"移动"，以直线的中点为基准，将它移动至中间轴网并且距离 T 梁边缘垂直距离"500"的位置，如图 4.6 所示。

图 4.6　边界线位置调整

选中边界线，点击"镜像" ，拾取横向中心轴网，镜像完成，如图 4.7 所示。

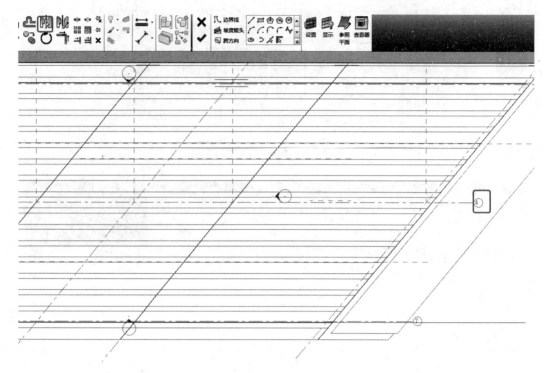

图 4.7　边界线镜像

选择"直线"→"边界线",将四个端点进行连接,点击"对勾",结果如图 4.8 所示。

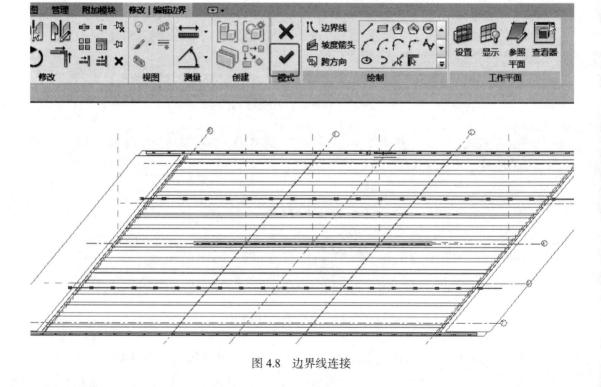

图 4.8　边界线连接

桥梁工程 BIM 建模技术

选中完成的楼板，单击"编辑类型"→"复制"，将名称改为"桥面铺装 -200mm"，如图 4.9 所示。

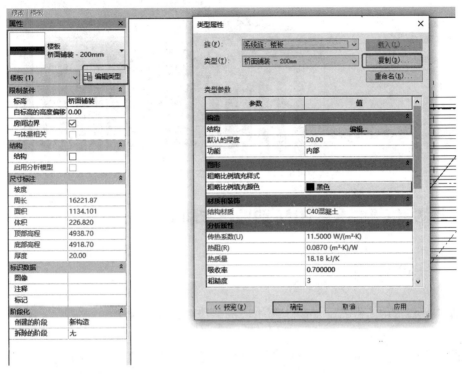

图 4.9　复制族类型为"桥面铺装 -200mm"

选择"结构"，单击"编辑"→"插入"新增结构"沥青""C40 混凝土"，将厚度改为"10"，设置完成，如图 4.10 所示。

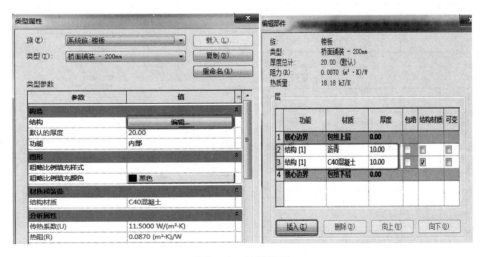

图 4.10　材质设置

调整铺装的高度，在三维视图中找到桥面铺装最边缘并点击，将"自标高的高度偏移"改为"20"，绘制完成，如图 4.11 所示。

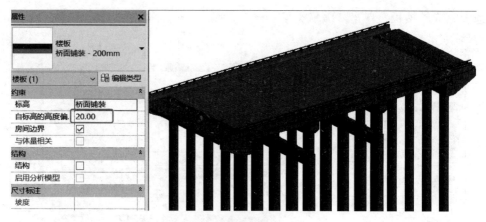

图 4.11　桥面铺装高度调整

 任务拓展（"1+X"BIM 职业技能训练）

4.1.4　台阶建模

台阶一般是指用砖、石、混凝土等筑成的一级一级供人上下的建筑物，多在大门前或坡道上。

根据图 4.12 所给定的尺寸，搭建台阶的实体模型。（第十期 BIM 技能等级考试一级）

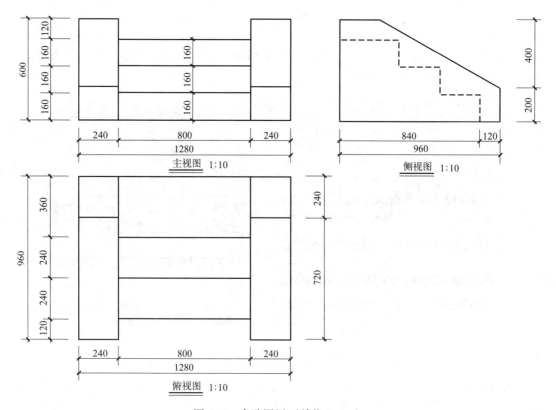

图 4.12　台阶图纸（单位：mm）

任务 4.2　标志标线创建

 **任务目标**

能力目标

能够了解桥面标志、标线的概念；

能够依照图纸创建桥面标志、标线模型。

知识目标

理解标志、标线的概念；

掌握标志、标线的创建方法。

素质目标

提升实践专业素质；

培养理论自学能力；

培养鞠躬尽瘁的敬业精神。

二维码 4.2

任务导入

依据 ×× 工程施工图设计图纸的道路标线布置 S-38，创建黄实线、白实线。

操作步骤

标志标线创建流程：在项目中创建楼板，调整大小和材质，分别创建黄白标线。

4.2.1　基本信息

4.2.1.1　道路交通标志和标线概念

道路交通标志和标线是指设置在道路上用规定的图形、符号、文字、线条、立面标记、突起路标等来表示特定管理内容和行为规则的交通设施。

4.2.1.2　图纸导航

本任务使用的图纸为 ×× 工程施工图设计图纸的道路标线布置 S-38。

4.2.2　创建黄实线

依据图纸确定单位，使用工具算出标线的长。进入"桥面铺装"视图。

单击"结构"选项卡→"楼板"命令，进入草图模式，如图 4.13 所示。选择"修改｜创建楼层边界"选项卡→"绘制"，选择"矩形"，绘制长度为 32000mm、宽度为 150mm 的矩形作为黄实线，如图 4.14 所示。

图 4.13　"楼板"命令的选择

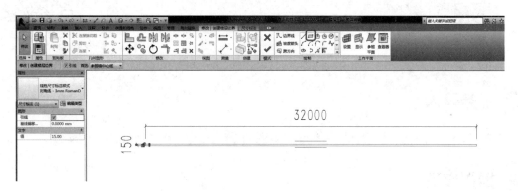

图 4.14　黄实线草图绘制

选中整个矩形，在"修改"模块中，选择"复制" ，如图 4.15 所示。

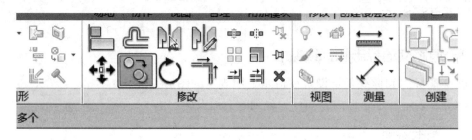

图 4.15　"复制"命令选择

使用"复制" 命令向下移动 35cm，如图 4.16 所示，回车确认，单击"对勾"，完成复制。

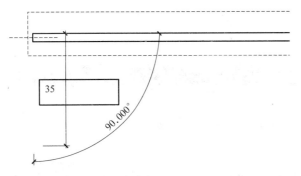

图 4.16 复制黄实线草图

在"属性"选项板界面,单击"编辑类型",然后点击"复制",将名称改为"黄实线 -20mm",点击"确定",如图 4.17 所示。

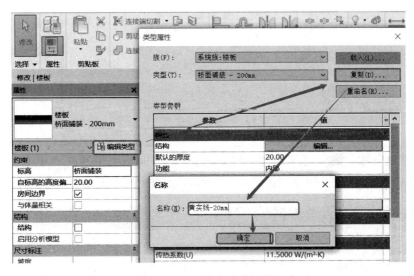

图 4.17 复制一个黄实线专用楼板类型

单击"编辑",把"结构"层"厚度"改为"2",如图 4.18 所示。

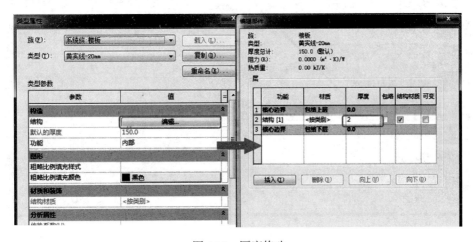

图 4.18 厚度修改

如图 4.19 所示，单击"<按类别>"空白部分，出现三个点并点击，进入"材质浏览器"界面。

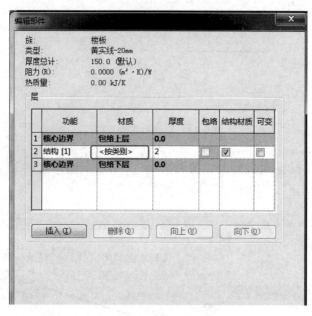

图 4.19　材质编辑界面进入

单击"新建资源" 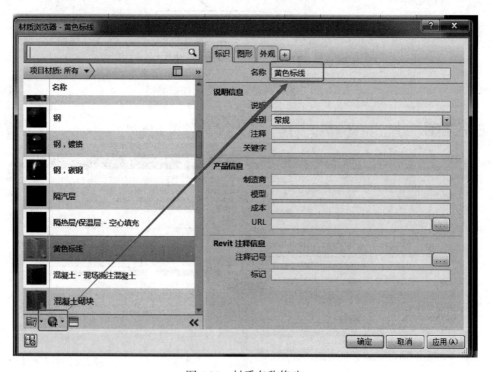，把名称改为"黄色标线"，如图 4.20 所示。单击左下方的"打开 / 关闭资源浏览器" ，搜索"黄色"，双击载入到新建的材质中，如图 4.21 所示。

图 4.20　材质名称修改

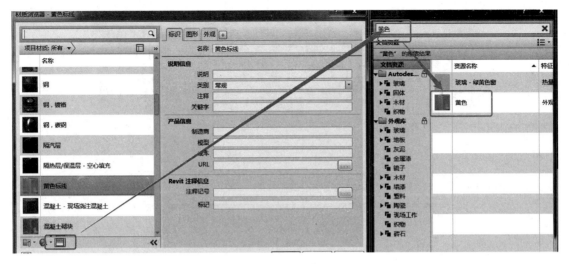

图 4.21　材质颜色选择

为了把黄实线放在桥面上，在"属性"栏里把"自标高的高度 …"改为"22"，如图 4.22 所示。先选中黄实线，在"创建"或"修改"选项卡中，选择"移动" 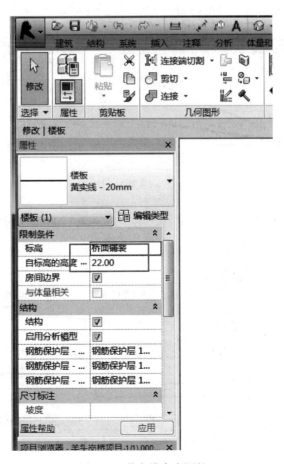，把黄实线移动到桥面中心，如图 4.23。

图 4.22　黄实线高度调整

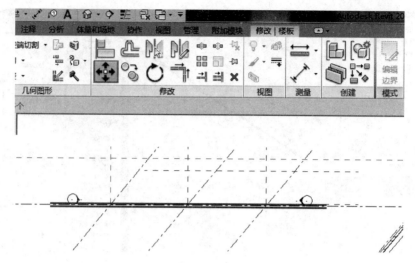

图 4.23　黄实线移动至桥面中心

4.2.3　创建白实线

单击"结构"选项卡→"楼板"命令，进入草图模式。选择"矩形"，绘制一个长64000mm、宽150mm的矩形，单击"对勾"，如图4.24所示。

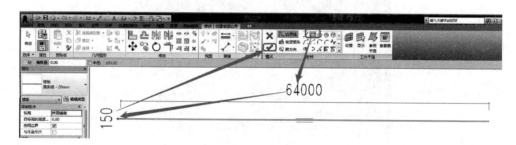

图 4.24　白实线草图绘制

单击"编辑类型"→"复制"，把名称改为"白实线 -20mm"，单击"确定"，如图4.25所示。

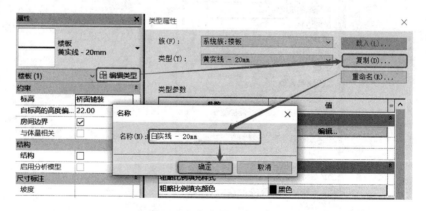

图 4.25　白实线名称修改

单击"编辑"，把"厚度"改为"2"，如图 4.26 所示。

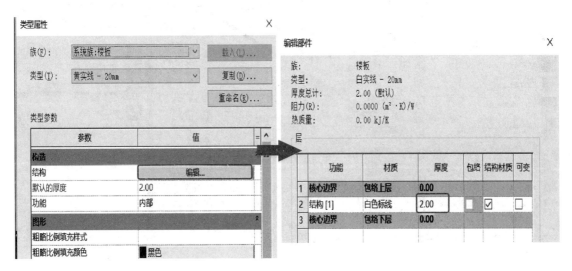

图 4.26　厚度调整

单击"新建资源"，把"名称"改为"白色标线"，如图 4.27 所示。单击左下方的"打开 / 关闭资源浏览器"，搜索白色，双击载入到新建的材质中，如图 4.28 所示。

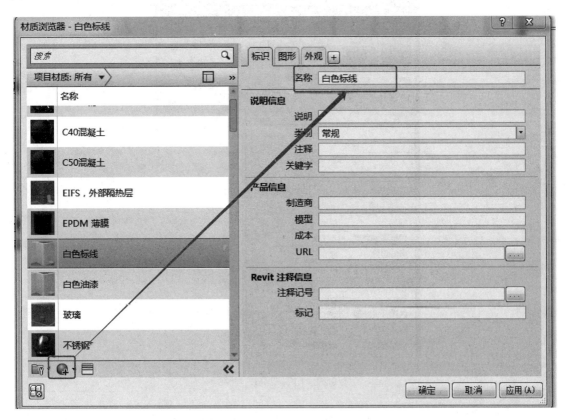

图 4.27　新建材质名称修改

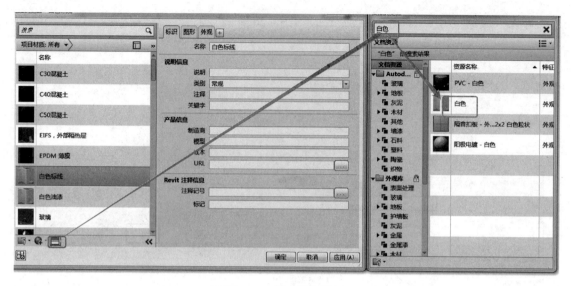

图 4.28　材质颜色添加

为了把白实线放在桥面上，在"属性"栏里把"自标高的高度 ..."改为"22"，如图 4.29 所示。

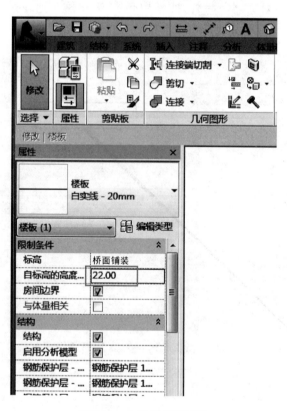

图 4.29　白实线高度调整

单击"建筑"选项卡→"参照平面"，在距离最中间轴线 400cm 处绘制一个参照平面，结果如图 4.30 所示。

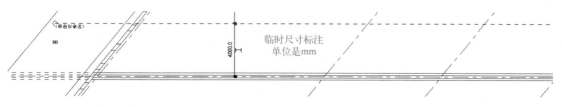

图 4.30　距离最中间轴线 400cm 处参照平面绘制

选中白实线，选择"移动" ✛命令进行移动，以中心位置为基点，移动到参照线与中间斜向轴线的交点处上，如图 4.31 所示。

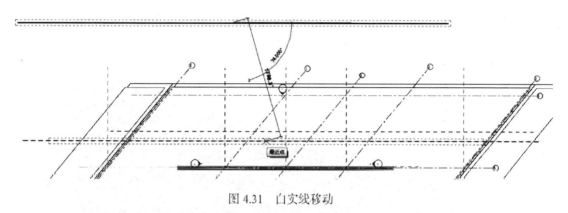

图 4.31　白实线移动

选中白实线，选择"镜像（拾取轴）" 🔳命令，拾取横向中心轴线，将白实线进行镜像复制，如图 4.32 所示。

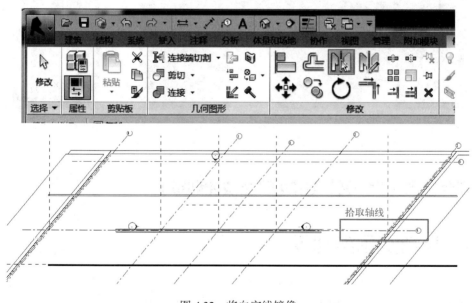

图 4.32　将白实线镜像

根据图纸道路标线布置 S-38 的桥面标线平面布置对白实线进行位置调整，如图 4.33 所示。绘制完成后的标志线三维模型如图 4.34 所示。

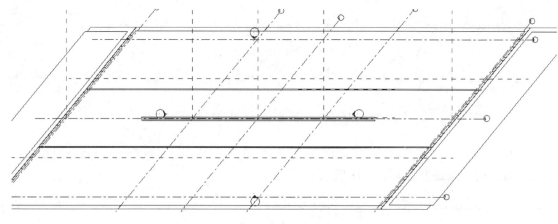

图 4.33　白实线位置调整

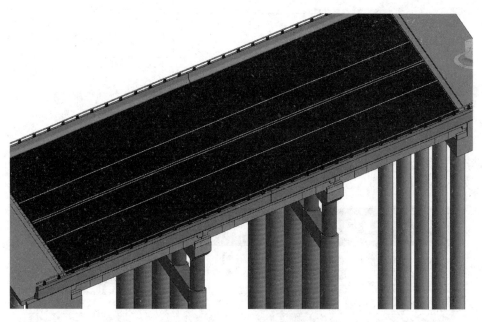

图 4.34　标志线图

任务拓展（"1+X" BIM 职业技能训练）

4.2.4　直角支吊架建模

支吊架是支架和吊架的合称，在各施工环节起着承担各配件及其介质重量、约束和限制建筑部件不合理位移以及控制部件振动等功能，对建筑设施的安全运行具有极其重要的作用。支吊架主要用于建筑给排水、消防、供暖、通风、空调、燃气、热力、电力、通信等工程设施，在运行中产生热位移的机器设备装置上。

根据图 4.35 中给定的数值绘制吊架族构件，并以"直角支吊架"为文件名保存。

桥梁工程 BIM 建模技术

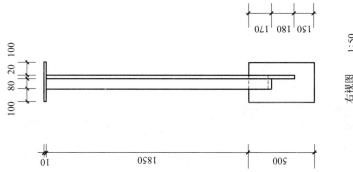

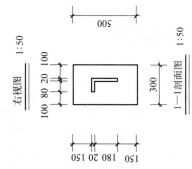

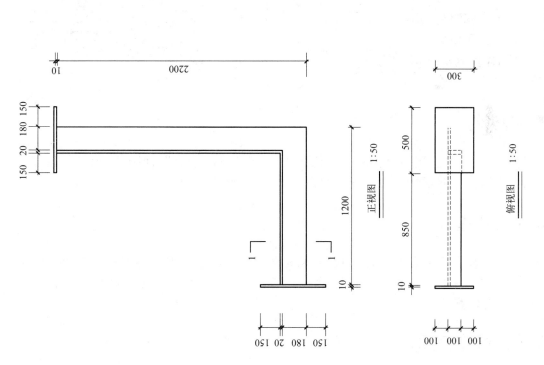

图 4.35　直角支吊架（单位：mm）

任务 4.3 防撞护栏创建

任务目标

能力目标

能够使用"公制常规模型"族模板创建防撞护栏；

能够将参数化应用到防撞护栏族；

能够将防撞护栏族放置于项目。

知识目标

理解防撞护栏的概念；

掌握防撞护栏的创建方法；

掌握"公制常规模型"参数化设置方法。

素质目标

提高结构识图能力；

提高三维软件各视图转换及操作能力；

发挥主观能动性；

形成踏实勤奋的学习态度。

二维码 4.3

任务导入

依据 ×× 工程施工图设计图纸的防撞护栏构造 S-31，创建防撞护栏主体族，顶部栏杆模型、牛角形构件和预埋钢板，将构件赋予材质并复制构件载入项目。

操作流程

防撞护栏模型搭建流程：新建"公制常规模型"族文件，借助软件的立面视图，使用"拉伸""放样"等命令创建防撞护栏模型，再将该防撞护栏模型族载入项目，放置防撞护栏构件到相应位置。

4.3.1 基本信息

4.3.1.1 桥梁防撞护栏概念

桥梁防撞护栏是设置于桥梁上的护栏中的一种，其目的是防止失控车辆越出桥外，具有使车辆不能突破、下穿、翻越桥梁以及美化桥梁建筑的功能。

4.3.1.2 图纸导航

本任务使用的图纸为××工程施工图设计图纸的防撞护栏构造 S-31。

 **任务实施**

4.3.2 创建防撞护栏主体族

新建"公制常规模型",依照图纸确定单位,使用"拉伸"工具绘制防撞护栏主体模型。

鼠标双击 Revit 快捷方式,打开软件,由于防撞护栏主体模型借助族来进行绘制,因此单击族类别下的"新建"命令,弹出"新族 - 选择样板文件"窗口,此时选择"公制常规模型"族样板,再单击"打开"命令,如图 4.36 所示。

图 4.36　新建族样板

观察参考图纸的注释部分,如图 4.37 所示,可得防撞护栏的主体构件单位为 cm,为准确并方便绘制模型,Revit 系统单位也设置为 cm。操作如下,依次单击"管理"选项卡→"项目单位"→在弹出的对话框中选择"长度",将单位修改为"厘米"→"确定",如图 4.38 所示。

注：

1. 图中尺寸除钢板、钢筋及钢管的规格以毫米计外，余均以厘米计。
2. 牛角形构件在每跨两侧梁端各设一道，其间距根据桥长作相应调整，护栏钢管在此断开。
3. 钢管及牛角形构件均须镀锌。

		复核		审核		图号	S-31

图 4.37　图纸中的单位标注

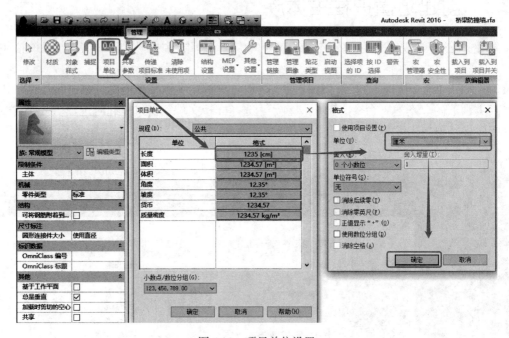

图 4.38　项目单位设置

观察防撞护栏主体模型特性，需在立面视图借助"拉伸"命令完成。打开"项目浏览器"→"视图（全部）"→"立面（立面 1）"→"左"，进入左视图，如图 4.39 所示。

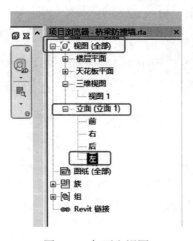

图 4.39　打开左视图

桥梁工程 BIM 建模技术

进入左视图后，单击"创建"选项卡下的"拉伸"命令，如图4.40所示。

图4.40 拉伸命令选择

观察图纸的防撞护栏立面图，选择"修改 | 拉伸 > 编辑拉伸"选项卡下的"直线"和"圆角弧"工具，如图4.41所示。根据图纸防撞护栏构造S-31的组合式护栏横断面图，完成拉伸侧面轮廓的绘制，完成后的轮廓如图4.42所示。

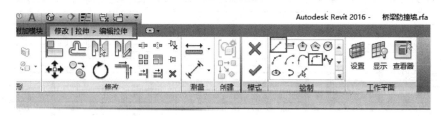

图4.41 "直线"和"圆角弧"工具

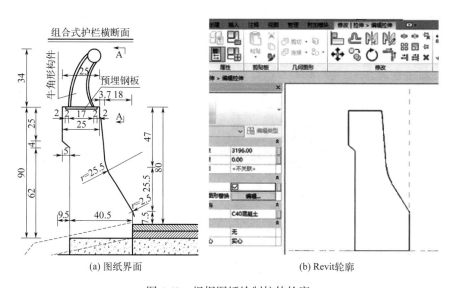

(a) 图纸界面   (b) Revit轮廓

图4.42 根据图纸绘制拉伸轮廓

轮廓绘制完成后，设置拉伸终点，即一段防撞护栏长度，此时由图纸的全桥工程数量表可得整段两侧防撞护栏长度为128m，如图4.43所示，继续观察图纸纵断面图可知，整段防撞护栏的一半（一侧）长度（不包含伸缩缝）为15×200+98×2=3196（cm），如图4.44所示。

全桥工程数量表(两侧共128m)

类型	规格 /mm	总长 /m	总重 /kg	合计 /kg
钢筋	Φ22	147.2	439	439
	Φ16	2168.3	3426	3426
	Φ12	3840	3410	3410
钢管	φ80×4	128	960	960

图 4.43　图纸全桥工程数量表

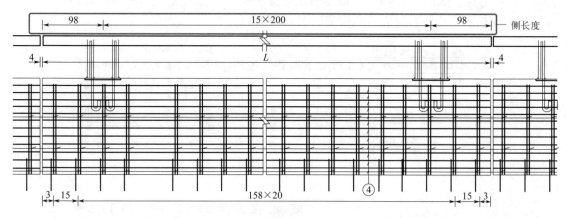

图 4.44　图纸纵断面截图

因此一侧模型的拉伸终点设置为 15×200+98×2，在属性栏的拉伸终点处直接输入公式"=15×200+98×2"即可（注：公式前必须加"="），如图 4.45 所示。回车完成设置。

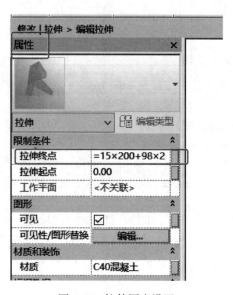

图 4.45　拉伸厚度设置

4.3.3 创建防撞护栏顶部栏杆模型

观察防撞护栏横断面图可得，顶部栏杆构造和模型绘制方法与主体结构同理，绘制时同样需借助"拉伸"工具，先在左立面视图的相对位置，绘制圆管轮廓在"修改｜拉伸＞编辑拉伸"选项卡下，根据图纸防撞护栏构造 S-31 的组合式护栏横断面图，绘制直径不同的内外壁同心圆即可自动形成空心圆管，如图 4.46 所示。

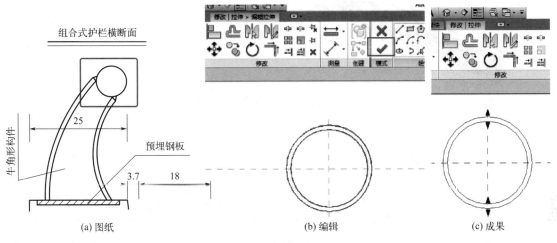

图 4.46　顶部栏杆轮廓

顶部栏杆与主体模型相辅相成，因此顶部栏杆的拉伸终点应与防撞护栏主体模型一致，在属性栏的拉伸终点处直接输入公式"=15×200+98×2"，回车完成设置。在"项目浏览器"中切换到三维视图，如图 4.47 所示，顶部栏杆与主体三维模型如图 4.48 所示。

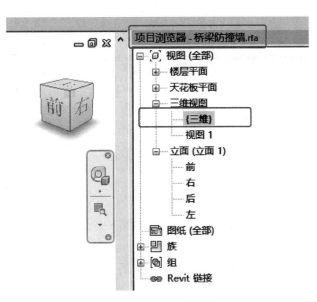

图 4.47　打开三维视图

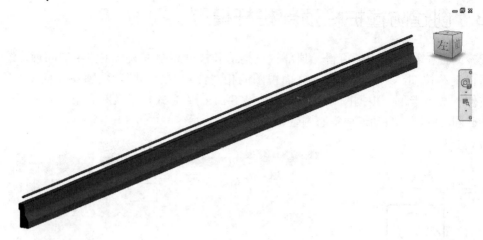

图 4.48　顶部栏杆与主体三维模型

4.3.4　构件参数化实例

本项目以防撞护栏主体与顶部栏杆拉伸长度为例进行参数化设置。由于轮廓在左立面视图绘制，因此拉伸长度设置需在前、后立面视图设置，打开"项目浏览器"→"视图（全部）"→"立面（立面1）"→"前"，进行拉伸长度的参数化设置。前立面视图界面如图 4.49 所示。

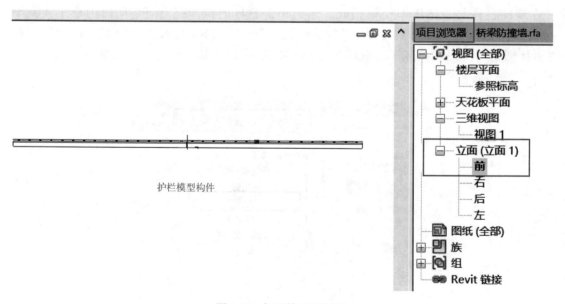

图 4.49　打开前立面视图

参数化对长度的控制需借助"参照平面"命令，在前立面视图中，打开"创建"选项卡→"参照平面"命令，如图 4.50 所示，在防撞护栏拉伸两端，绘制两个参照平面，如图 4.51 所示。

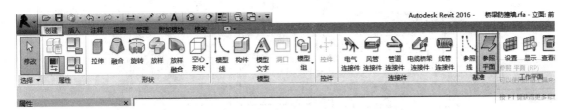

图 4.50　"参照平面"命令

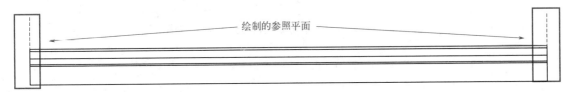

图 4.51　绘制参照平面

参照平面绘制完成之后，需要借助"对齐"命令，将参照平面与构件模型的拉伸两端锁定，单击"修改"选项卡下的"对齐"命令，第一步点击创建好的参照平面，第二步点击拉伸模型左端，此时外形如小锁头一样的"锁定"工具出现，单击"锁定"工具，锁头为封闭状态，实现锁定功能，如图 4.52 所示。同理，对拉伸另一侧也进行锁定。

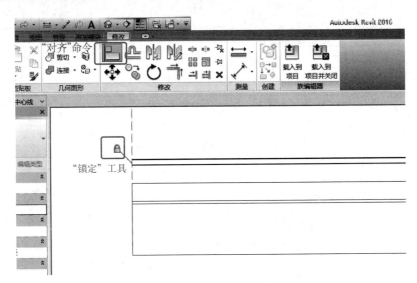

图 4.52　构件边缘与参照平面进行锁定

完成锁定命令后，需借助"测量"命令，对目标参数长度进行测量并标注，打开"修改"选项卡→"对齐尺寸标注"命令，如图 4.53 所示。分别单击两个参照平面，标注其长度值，如图 4.54 所示。

标注长度完成之后，对其进行参数化设置。选中该标注，单击顶部"标签"下的"添加参数"命令，如图 4.55 所示。在弹出的"参数属性"窗口中设置各参数指标，包括参数名称和参数类型（注意区分类型属性和实例属性的区别），单击"确定"完成设置，如图 4.56 所示。参数设置完成后，可直接单击该参数编辑拉伸长度，如图 4.57 所示。

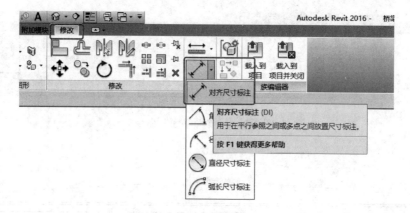

图 4.53　对齐尺寸标注

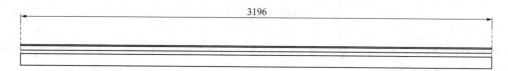

图 4.54　标注长度

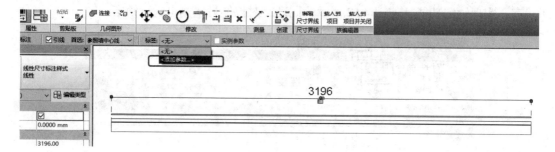

图 4.55　"添加参数"命令

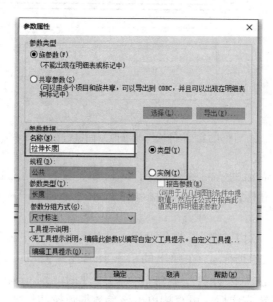

图 4.56　设置参数属性

  桥梁工程 BIM 建模技术

3196.00

图 4.57　直接编辑拉伸长度

4.3.5　创建牛角形构件和预埋钢板

依据图纸防撞护栏构造 S-31 牛角形构件大样图及 C-C 截面图可得，单个构件模型的绘制也需借助"拉伸"命令绘制。进入左立面视图进行轮廓绘制，依据图纸先创建参照平面，如图 4.58 所示。

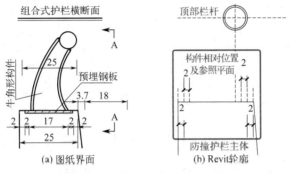

图 4.58　根据图纸创建参照平面

接着根据参照平面确定相对位置后，绘制拉伸轮廓。同理打开"创建"选项卡→"拉伸"命令，使用"绘制"命令栏里的"起点 - 终点 - 半径弧"命令，绘制牛角构件的圆弧轮廓。先绘制一段半径弧，再依据图纸通过修改半径、弧长，旋转等，完成牛角构件圆弧轮廓的绘制，如图 4.59 所示。（注：使用"旋转"⟳命令时，为达到旋转目的，通常需将默认旋转中心点拖动至目标旋转中心处，如图 4.60 所示。）

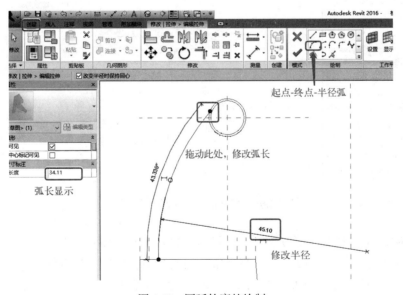

图 4.59　圆弧轮廓的绘制

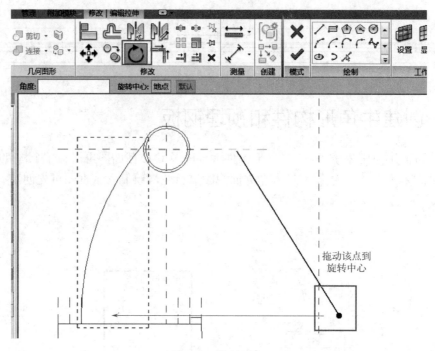

图 4.60　旋转弧长

同理完成轮廓右侧弧及上下轮廓的绘制，并根据图纸防撞护栏构造 S-31 的 C-C 截面，将拉伸终点设置为 "1"，单击 "对勾" 完成编辑。如图 4.61 所示。

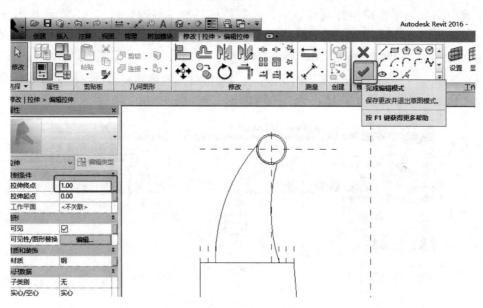

图 4.61　完成轮廓并设置拉伸厚度

接着绘制构件两侧拉伸部分，同理，进入 "创建" 选项卡→ "拉伸" 命令，借助 "绘制" → "拾取线" ✍ 和 "偏移" ⬒ 两个命令完成绘制。单击 "拾取线" ✍ 命令，直接拾取上一步完成的圆弧轮廓即可，如图 4.62 所示。接着单击 "偏移" ⬒ 命令，依据图纸，在偏移距离处输入"1"，鼠标单击在目标偏移一侧，即可定向定距完成偏移，如图4.63所示。

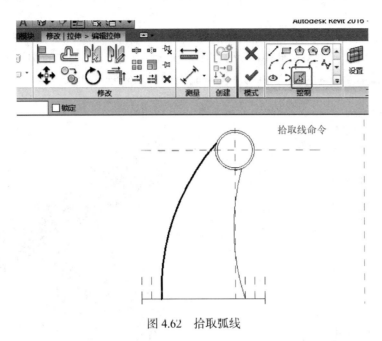

图4.62 拾取弧线

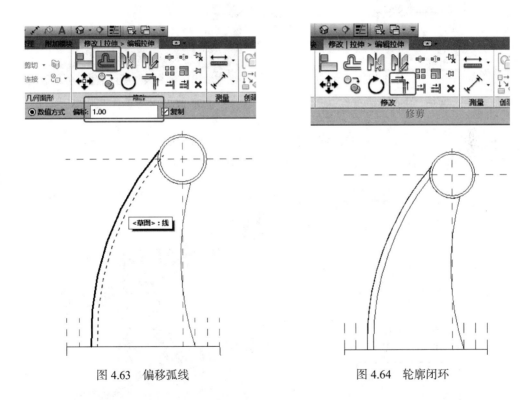

图4.63 偏移弧线　　　　　图4.64 轮廓闭环

再次借助"拾取线" 命令，拾取上下轮廓，此时，需使用"修剪" 工具编辑轮廓，形成完整闭环（"修剪" 工具的使用：单击该工具后，依次单击拐角内环的两条边）。修剪完成的一侧轮廓如图 4.64 所示，同理借助偏移和剪切工具，将另一侧弧线的拉伸轮廓绘制完毕。同理依据图纸防撞护栏构造 S-31 的 C-C 截面图可得，该部分拉伸长度设置为"5"。

左立面的轮廓绘制完成后，切换至前立面视图，编辑界面下方的"视觉样式"命令，切换为"线框"模式，再将拉伸厚度为 1 的构件移动至拉伸厚度为 5 的构件中间，可直接修改临时尺寸，如图 4.65 所示。牛角构件模型成果如图 4.66 所示。

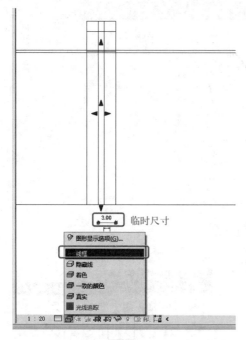

图 4.65　修改临时尺寸

图 4.66　牛角构件三维模型

将视图切换到左立面，根据预埋钢板的图纸表达，用"拉伸"命令来绘制预埋构件模型。由图纸可得，拉伸终点应设置为"290mm"绘制结果。如图 4.67 所示。

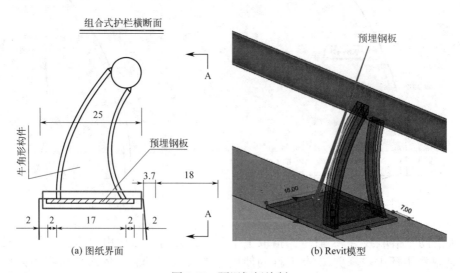

图 4.67　预埋钢板绘制

4.3.6　给构件赋予材质

给构件模型赋予材质，以防撞护栏主体构件为例，选中该构件模型，单击"属性"栏中"材质"项的右侧方块，在弹出窗口中单击"新建材质"命令，如图 4.68 所示。选中新建的材质右键，选中"重命名"命令，输入材质名称，单击"确定"，如图 4.69 所示。同理，为顶部栏杆、牛角构件和预埋钢板赋予其相应的材质。

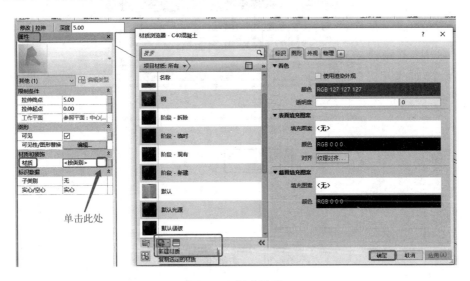

图 4.68　新建材质

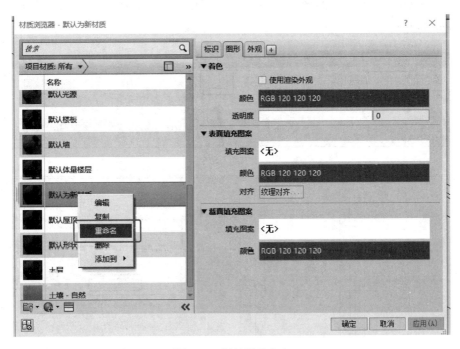

图 4.69　新材质重命名

4.3.7　构件复制并载入项目

依据图纸可知，牛角形构件每两个为一组，每组与每组之间相隔 200cm，共 16 个，选中牛角形构件，单击"修改|拉伸"选项卡→"复制"命令，先单击一个起始点，再输入"20"，回车完成复制，如图 4.70 所示。

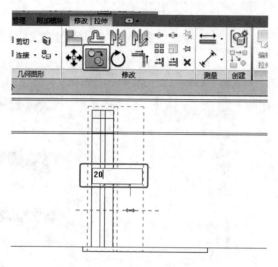

图 4.70　复制牛角形构件

借助"Ctrl"键选中两个牛角形构件和预埋钢板，单击"修改|拉伸"选项卡→"成组"命令，将这些构件创建模型组，并在模型组名称中输入其命名，"确定"完成模型组创建，如图 4.71 所示。

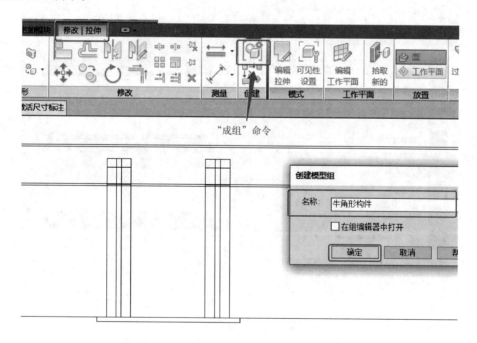

图 4.71　将构件成组

依据图纸可得，该牛角形构件模型组共 16 个，此时先选中该模型组，再选择"修改｜模型组"选项卡→"阵列"命令，在项目数输入"16"，先单击起始点，再输入"200"，如图 4.72 所示，回车完成模型组的阵列。

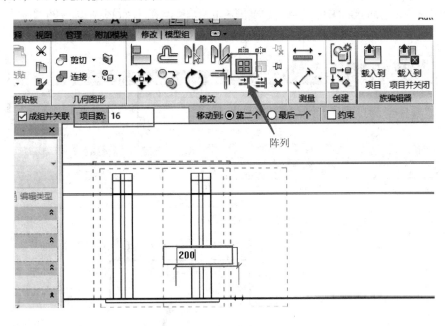

图 4.72　将成组模型阵列

依据图纸可得，整段防撞护栏为 128m，因此需将绘制完成的一侧护栏进行镜像，操作如下：选中所有防撞护栏模型，再选择"修改｜选择多个"选项卡→"镜像-拾取轴"命令，最后单击要镜像的轴线，回车完成模型的镜像，如图 4.73 所示。

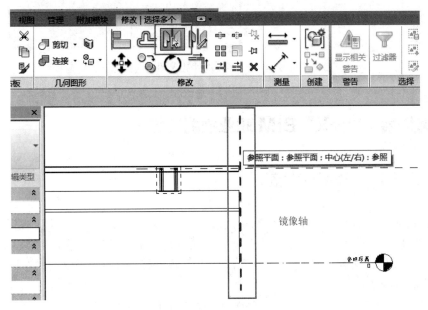

图 4.73　防撞护栏模型镜像

依据图单击 Revit 界面空白处，再选择"修改"选项卡→"载入到项目"命令（前提是 Revit 中已经打开或新建了目标项目），再选择目标项目（若只新建或打开了一个项目，则无需选择项目界面），即可完成族载入项目，如图 4.74 所示。再将 Revit 切换至项目界面，在立面视图中调整该防撞护栏的高度，在平面视图调整防撞护栏的位置，即可。

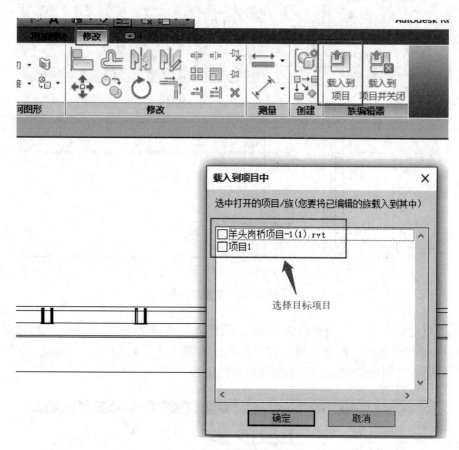

图 4.74　将族构件载入项目

 任务拓展（"1+X" BIM 职业技能训练）

4.3.8　圆弧形台阶建模

圆弧形台阶在现代建筑中较为常见，其独特的外形特点符合现代审美，错落有致的设计增强了实用性能。由于圆弧形台阶造型独特，无论是二维图纸识别还是三维模型操作，都有拓展思维的效果，例如二维图纸的综合读取以及软件操作中关于弧长、拉伸、空心、旋转、复制等命令的练习。

根据图 4.75 所给定的尺寸建立台阶模型，图中所有曲线均为圆弧。（第十二期 BIM 技能等级考试一级）

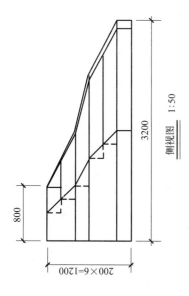

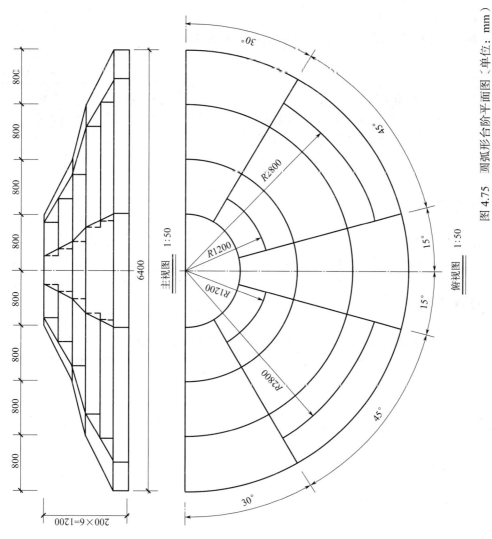

图 4.75 圆弧形台阶平面图（单位：mm）

任务 4.4　隔离栅创建

 任务目标

能力目标

能够准确读懂二维图纸；

能够使用"公制常规模型"族模板创建隔离栅模型；

能够将隔离栅族放置于项目。

知识目标

理解隔离栅的概念；

掌握隔离栅的创建方法；

掌握"公制常规模型"中空心剪切和实体连接的方法。

素质目标

提高构件识图能力；

提高三维软件各视图转换及操作能力；

进一步了解交通附属设施的种类及作用。

二维码 4.4

任务导入

依据 ×× 工程施工图设计图纸的隔离栅构造 S-33，创建隔离栅基座，绘制隔离栅基座顶托、主体，将隔离栅构件载入项目。

操作流程

隔离栅模型搭建流程：新建"公制常规模型"族文件，借助软件的立面视图，使用"拉伸""放样""融合"等命令创建隔离栅模型的各个构件，将各构件组合成一个族文件后载入项目，放置隔离栅到相应位置。

4.4.1　基本信息

4.4.1.1　桥梁隔离栅

桥梁隔离栅是桥梁高速公路护栏网，具有美观耐用、安装快捷的特点，是一种较为理想的金属网墙产品。

4.4.1.2 图纸导航

本任务隔离栅使用的图纸为 ×× 工程施工图设计图纸的隔离栅构造 S-33。

 **任务实施**

4.4.2 创建隔离栅基座

新建公制常规模型，鼠标双击 Revit 快捷方式，打开软件，由于隔离栅模型需借助族来进行绘制，因此单击族类别下的"新建"命令，弹出族样板窗口，此时选择"公制常规模型"族样板，再单击"打开"命令，如图 4.76 所示。

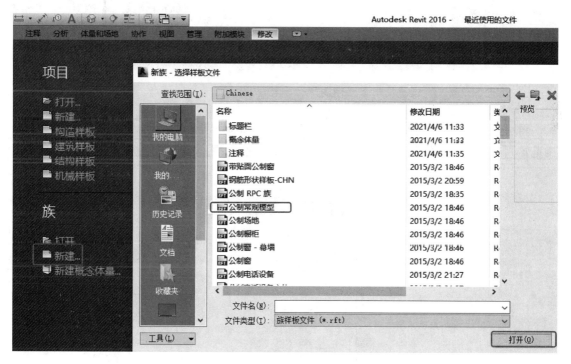

图 4.76　新建常规族

观察目标图纸（隔离栅构造）的注释部分，如图 4.77 所示，可得隔离栅的主体构件单位为 mm，为准确并方便绘制模型，Revit 系统单位也设置为 mm。操作如下，依次单击"管理"选项卡→"项目单位"→将长度单位改为"毫米"→"确定"，如图 4.78 所示。

注：
1.本图尺寸单位以毫米计。
2.单扇隔离栅结构长度2.926米，全桥共设置40扇隔离栅，总长117.04m。
3.隔离栅底漆一道(名称：醇酸防锈漆，型号：C53-32灰，醇酸漆稀释剂X-6)。
　隔离栅面漆二道(名称：醇酸磁漆，型号：C04-42白，醇酸漆稀释剂X-6)。
4.反光膜为每两扇隔离栅粘贴一条，粘贴于隔离栅立面迎车方向。

图 4.77　图纸单位标识

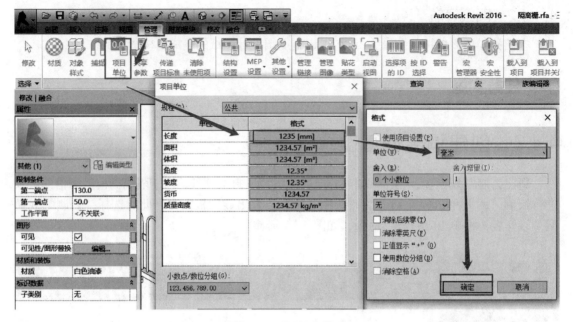

图 4.78　项目单位设置

　　首先绘制隔离栅基座的底部构件，结合侧面图和平面图绘制四角的底座。打开"项目浏览器"→"视图（全部）"→"楼层平面"→"参照标高"，进入参照标高视图，如图 4.79 所示。

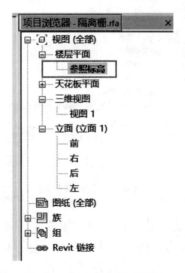

图 4.79　进入参照标高视图

　　依据图纸隔离栅构造 S-33 的平面与侧面图可得，底座的两个方向分别为 500mm 和 320mm，在平面视图中，使用"创建"选项卡下的"参照平面"命令，绘制四个参照平面，如图 4.80 所示。接着使用"拉伸"工具绘制隔离栅底部的基础底座，依据图纸，每个角底座长度为 100mm，宽度为 80mm，厚度为 50mm，因此创建拉伸后，将"属性"栏里的拉伸起点改为"0"，拉伸终点改为"50"。如图 4.81 所示。

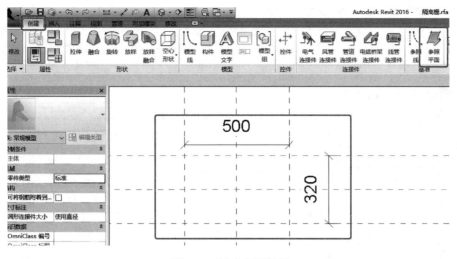

图 4.80　创建参照平面

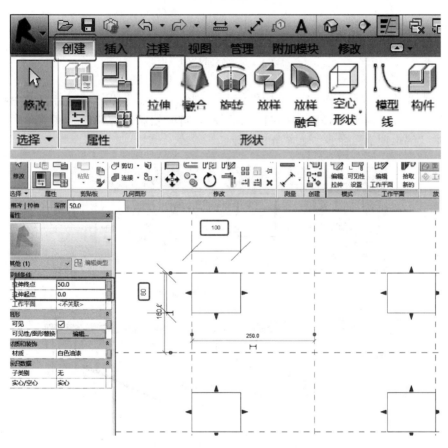

图 4.81　利用拉伸命令绘制底座轮廓

　　接着绘制四角底座上方的拉伸部分，根据隔离栅侧面图可得，其长度为 500mm，宽度为 320mm，厚度为 20mm，同理，借助绘制的四条参照平面，使用"拉伸"工具，创建拉伸模型，创建完之后，将"属性"栏里的拉伸起点改为"30"，拉伸终点改为"50"。如图 4.82 所示。

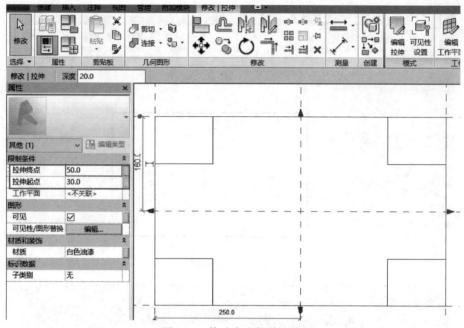

图 4.82　修改底座拉伸厚度

　　继续绘制上方的锥台形构件，该构件使用"创建"选项卡下的"融合"命令绘制，进入平面视图，单击"融合"命令，如图 4.83 所示。首先绘制底部轮廓，底部轮廓绘制完成以后，单击"编辑顶部"命令，如图 4.84 所示。

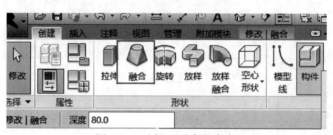

图 4.83　选择"融合"命令

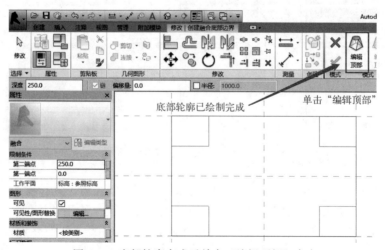

图 4.84　底部轮廓完成后单击"编辑顶部"命令

单击"编辑顶部"命令后，绘制顶部轮廓，并将第一端点调为"50"，第二端点调为"130"，最后单击"对勾"完成绘制，界面如图4.85所示，完成后的锥形构件三维视图如图4.86所示。

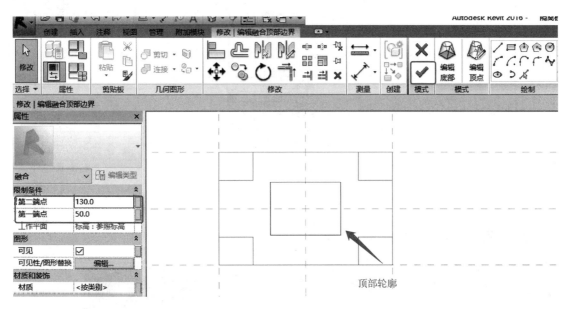

图4.85 调整构件厚度并完成

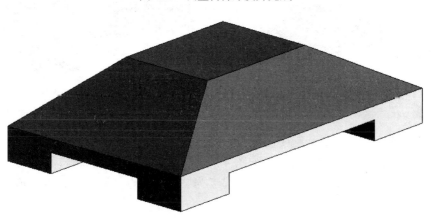

图4.86 锥形构件三维图

4.4.3 绘制隔离栅基座顶托

接着绘制锥台形构件上方的基座顶托，将视图切换至"参照标高"平面，利用"拉伸"工具，绘制矩形拉伸，矩形边界与锥台顶部重合，由图纸隔离栅构造S-33的侧面图可得，该拉伸起点为"130"，终点为"180"，如图4.87所示。

接着将基座的各个实体模型连接为一个整体，借助"Ctrl"键，选中各个实体模型，单击"修改｜选择多个"选项卡下的"连接"命令，即可连接为一个实体。如图4.88所示。

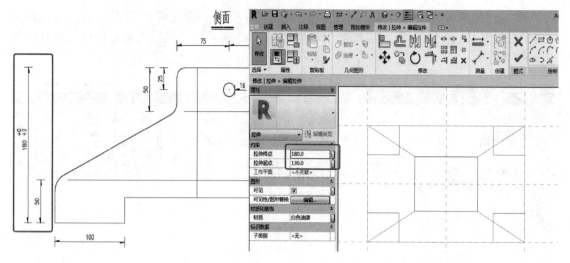

图 4.87 调整拉伸厚度

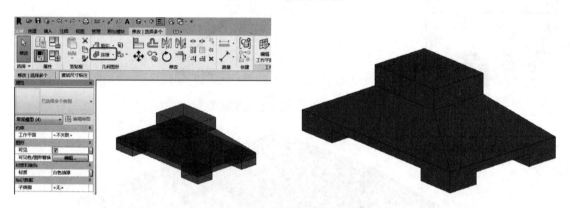

图 4.88 连接各构件模型

由图纸可得，还需绘制基座中心处的空心模型，同理在"参照标高"平面视图，"创建"→"空心形状"→"空心拉伸"，如图 4.89 所示，依据图纸隔离栅构造 S-33 的平面图，空心形状长 135mm，宽 92mm，空心拉伸起点为"0"，终点"180"，如图 4.90 所示。基座成品三维图如图 4.91 所示。

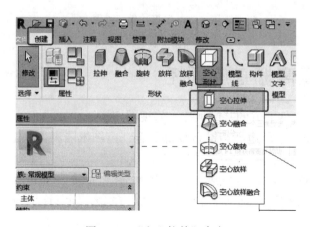

图 4.89 "空心拉伸"命令

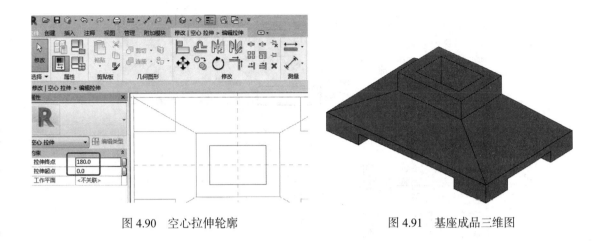

图 4.90　空心拉伸轮廓　　　　　　图 4.91　基座成品三维图

4.4.4　绘制隔离栅主体

基座绘制完毕后，继续绘制隔离栅主体，首先绘制底梁。重新创建新的"公制常规模型"，步骤同上，在"左立面"视图，选择"拉伸"命令，根据图纸隔离栅构造 S-33 的底梁侧面图，绘制其截面外框，如图 4.92，底梁截面厚度为 4.8mm，厚度通过"偏移"命令完成，如图 4.93 所示，在目标偏移方向出现蓝色虚线后，单击鼠标即可，偏移完成之后，封口形成封闭图形，将拉伸终点改为"2800"，单击"完成"命令。

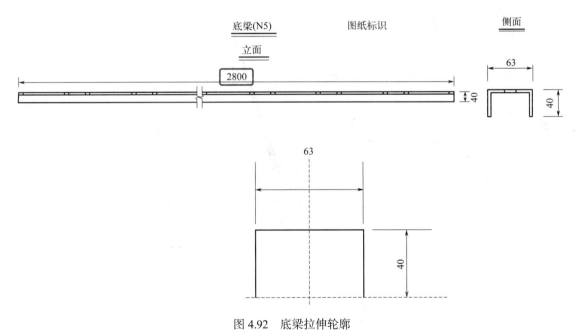

图 4.92　底梁拉伸轮廓

根据底梁相对位置确定其高度。根据图纸隔离栅构造 S-33 的立面图可得，其高度为 180mm，在距离中心线 180mm 的位置绘制参照平面，再将底梁移动至此高度，如图 4.94 所示。

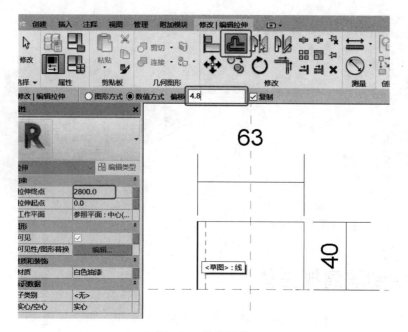

图 4.93　轮廓偏移

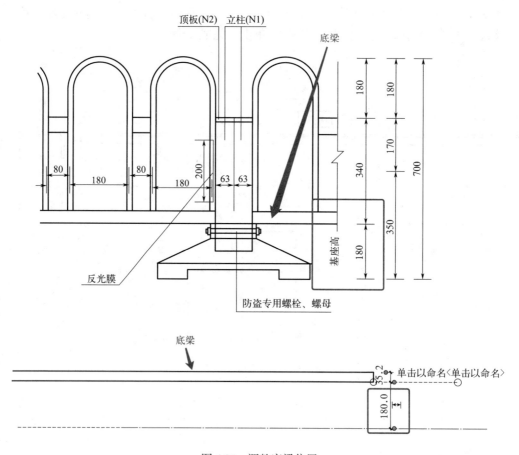

图 4.94　调整底梁位置

立柱的绘制方法同底梁，但视图平面与底梁不同。将界面切换至"参照标高"视图，根据图纸隔离栅构造 S-33 的立柱尺寸，如图 4.95 所示，借助"矩形""偏移"等命令，绘制拉伸轮廓，修改拉伸起点为"30"和终点为"520"，如图 4.96 所示，切换至"前立面"视图，调整立柱的相对位置，并复制到另一侧，成果如图 4.97 所示。

立柱	N1	(¬63×40，t=4.8)×400	立柱壁厚4.8

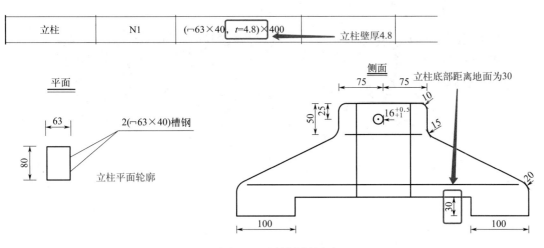

图 4.95　图纸底梁尺寸

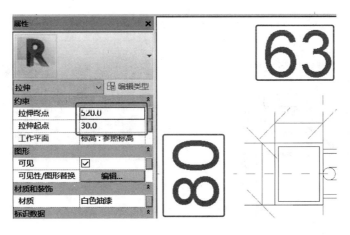

图 4.96　底梁拉伸轮廓

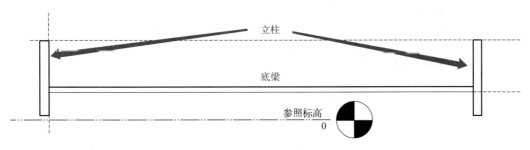

图 4.97　立柱复制

下一步绘制栏片模型，栏片模型需用"放样"命令来完成。切换至"前"立面视图，"创建"→"修改 | 放样 > 绘制路径"，根据图纸隔离栅构造 S-33 的栏片（N3）绘制相应形状和尺寸的放样路径，单击"对勾"完成路径绘制，如图 4.98 所示。接着单击"编辑轮廓"，选择"参照标高"平面，点击"打开视图"，如图 4.99 所示。依据图纸可得，栏片直径为16mm，半径为 8mm，绘制圆形截面，如图 4.100 所示。

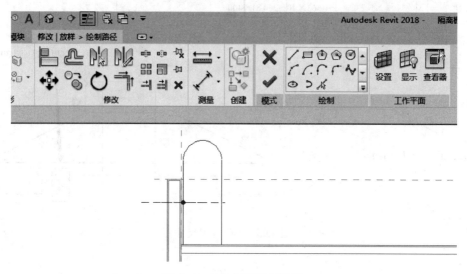

图 4.98　绘制栏片放样路径

图 4.99　打开参照标高视图

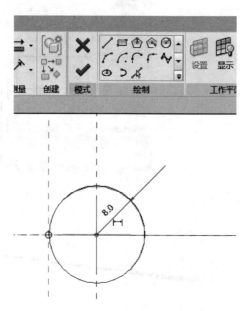

图 4.100　绘制栏片截面

绘制栏片拼接钢板，由图纸隔离栅构造 S-33 可得栏片截面尺寸、厚度及其相对高度，在"前"立面视图，绘制相应尺寸的拉伸，并设置拉伸终点为"5"，如图 4.101 所示，之后切换至"参照标高"视图，调整其位置至中间，如图 4.102 所示。

栏片拼接钢板(N4)

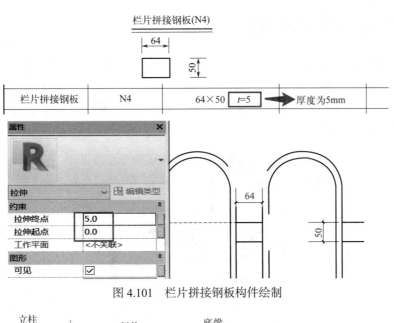

栏片拼接钢板	N4	64×50	t=5	厚度为5mm

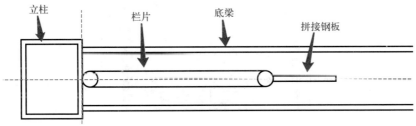

图 4.101 栏片拼接钢板构件绘制

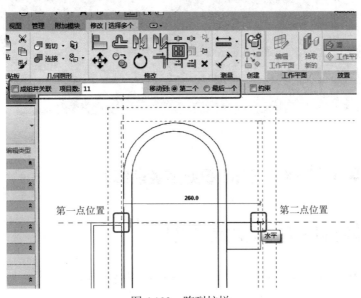

图 4.102 调整栏片位置

由图纸可确定，一节护栏包括 11 节栏片，在"前"立面视图中，选中栏片和拼接钢板，单击"修改 | 选择多个"→"阵列" ，取消"成组并关联"，"项目数"选择"11"，"移动到"选择"第二个"，再分别单击第一个点及第二个点处，完成阵列，如图 4.103 所示。

图 4.103 阵列护栏

4.4.5　将隔离栅构件载入项目

　　赋予隔离栅材质，方法参照前边内容，之后将该常规模型载入到之前的"底座"模型中，如图 4.104 所示。切换至"参照标高"视图，调整其相对位置。再根据图纸（每一侧 20 扇隔离栅）进行基座和隔离栅整体的复制，再载入到项目，从而完成整个隔离栅模型创建。创建完成的模型如图 4.105 所示。

图 4.104　将隔离栅载入项目

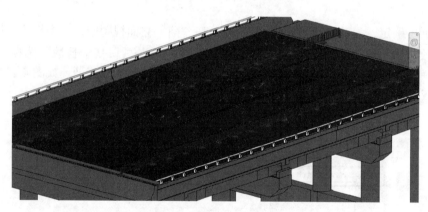

图 4.105　完成后的模型

 任务拓展（"1+X"BIM 职业技能训练）

4.4.6　用体量的方式创建模型

　　根据图 4.106 所给定的尺寸，采用公制常规族的方式创建模型。（第十二期 BIM 技能等级考试一级）

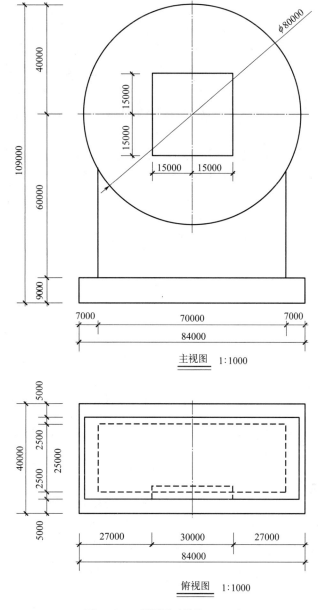

主视图　1:1000

俯视图　1:1000

图 4.106　考题图（单位：mm）

素质教育

本项目主要学习了桥面系的模型搭建，包括桥面铺装、防撞护栏、标志线等细节的模型创建，也是桥梁工程建设的最后一部分内容。整个工程建设过程要时刻保持精益求精的认真态度，尤其是桥面细节部分，是桥梁工程锦上添花的工艺部分，更要充分弘扬敬业、精益、专注、创新的工匠精神。

匠心筑梦，匠艺强国。工匠是产业发展的重要力量，工匠精神是创新创业的重要精神源泉。

在华菱湘钢供氧管道施工现场，"七一勋章"获得者、71岁的艾爱国正在为同事们作指导。从港珠澳大桥到国家重点工程深中通道，艾爱国参与了我国多个重大项目的焊接技术攻关。"刻苦学习钻研，攻克难关，攀登技术高峰。"50多年前，艾爱国在日记本中写下的这句话，正是一代代中国工匠对职业技能执着专注、极致追求的精神写照。

要在火箭发动机喷管0.33mm厚的管壁上完成3万多次精密操作，大国工匠高凤林能做到连焊10min不眨眼，他先后为我国40%的运载火箭焊接过"心脏"，助力中国航天不断向深空探索。

器物有形，匠心无界。小到一枚螺钉、一根电缆的打磨，大到运载火箭、载人飞船等大国重器的锻造，工匠精神正激励越来越多的劳动者特别是青年一代走上技能成才、技能报国之路。

时代发展需要大国工匠，工匠精神历久弥坚。如今，我国已有超过1.7亿的技能人才奋战在各行各业，有力支撑着中国制造、中国创造不断阔步向前。

📖 知识巩固

1. 绘制好的模型数据应该在（　　　　）修改。

A."项目浏览器"　　　　　　　　　　　　B."导航"栏

C."属性"栏　　　　　　　　　　　　　　D."系统浏览器"

2. 创建拉伸图形时（　　　）。

A. 图形不能重合　　　　　　　　　　　　B. 图形必须闭合

C. 图形不能是多边形　　　　　　　　　　D. 图形不能闭合

3. Revit软件里的单位设置规则应是（　　　）。

A. cm　　　　　　B. mm　　　　　　　　C. m　　　　　　　　D. 按图纸说明设置

4. 下列不是防撞护栏的作用是（　　　）。

A. 起到分流作用　　　　　　　　　　　　B. 用作美观体现

C. 保证道路功能　　　　　　　　　　　　D. 保证行车安全

5. Revit绘制模型时通常用什么方法来做尺寸参照和定位？（　　　）

A. 参照平面　　　　B. 模型线　　　　　　C. 模型文字　　　　　D. 尺寸标准

6. 栏杆绘制过程下列哪项可以提升其参数化程度？（　　　）

A. 直接绘制固定模型即可　　　　　　　　B 使用Revit绘制参数族

C. 绘制嵌套族　　　　　　　　　　　　　D 绘制体量族

7. 以下哪个显示样式的模型可以看到内部构造？（　　　）

A. 真实　　　　　　B. 着色　　　　　　　C. 线性　　　　　　　D. 一致颜色

8. 防撞护栏由各个构件族组成，绘制方式是（　　　）。

A. 绘制体量族　　　B. 绘制嵌套族　　　　C. 绘制内建族　　　　D. 绘制常规族

9. 放样时，如果路径在前立面绘制，那么轮廓应在哪个视图绘制？（　　　）

A. 前立面　　　　　B. 后立面　　　　　　C. 左立面　　　　　　D. 参照标高

10. 阵列的作用是（　　　）。

A. 将构件进行排列　　　　　　　　　　　B. 将构件一次性复制多个

C. 将构件赋予相应属性　　　　　　　　　D. 将构件锁定

11. 若想将隔离栅与桥构件结合，应（ ）。

A. 将隔离栅载入桥梁项目　　　　　　　B. 将隔离栅构件移动至桥梁项目

C. 将隔离栅族构件复制入桥梁项目　　　D. 将桥梁项目载入隔离栅构件

12. 临时隔离图元的快捷键是（ ）。

A. HH　　　　　　B. HR　　　　　　C. HO　　　　　　D. HI

13. 修剪命令的快捷键是（ ）。

A. UP　　　　　　B. MA　　　　　　C. TR　　　　　　D. SF

14. 下列哪项说法正确？（ ）

A. 一个项目可以载入到另一个项目里　　B. 材质命令存在于浏览器选项下

C. 镜像命令不可以拾取轴线　　　　　　D. 不同构件可以新建其专有材质

15. 防撞护栏的弧形管模型，通过以下哪个命令来绘制？（ ）

A. "拉伸"　　　　B. "融合"　　　　C. "放样"　　　　D. "旋转"

项目五 拓展应用

任务 5.1 Revit 功能拓展应用

 任务目标

能力目标

能够使用 Revit 的图片渲染功能；

能够使用 Revit 明细表的应用；

能够使用 Revit 导出 CAD 格式的图纸。

知识目标

理解 Revit 的图片渲染功能的概念；

了解 Revit 明细表的功能；

掌握 Revit 导出 CAD 格式图纸的方法。

素质目标

培养学生色彩协调搭配的意识；

培养学生工程与环境融合发展的意识；

培养学生诚实守信的美德。

二维码 5.1

任务导入

依据工程模型，渲染图片，新建明细表，导出 CAD。

任务实施

5.1.1 图片渲染

Revit 作为制图和建模一体的软件，在完成模型建立之后，大家可以在"视图"选项卡中找到"渲染"选项，直接利用 Revit 进行模型的渲染，从而直接形成建筑的效果图。图片渲染分整体渲染和局部渲染。

（1）整体渲染

利用 Revit 软件新建或打开一个项目，在完成模型建立之后，在"视图"选项卡中点击"渲染"选项，根据自己的需要调整"渲染"对话框的数据，调整完成后，点击"渲染"对话框中的"渲染"按钮，待渲染进度条 100% 时，即可完成渲染。完成渲染后，可以点击"保存到项目中"按钮将渲染完成后的图形保存到项目当中，如图 5.1 所示。同样，也可以通过点击"导出"按钮将渲染后的建模另存为".jpg"格式。

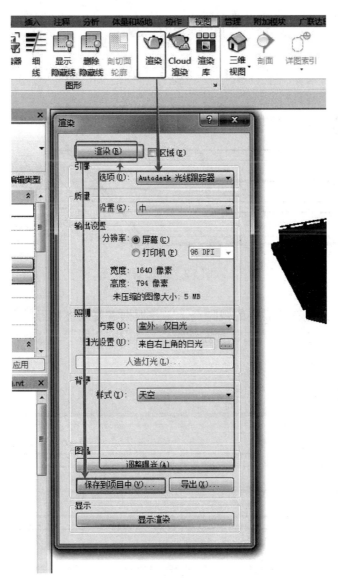

图 5.1　整体渲染

（2）局部渲染

在"项目浏览器"中选中进行局部渲染的部位，以桥面铺装为例，点击"项目浏览器"

中的"桥面铺装"视图，视图中的建模将变为二维线框，在"视图"选项卡中点击"三维视图"选项卡，选择"相机"，光标上将会出现一个小相机图形，如图 5.2 所示。

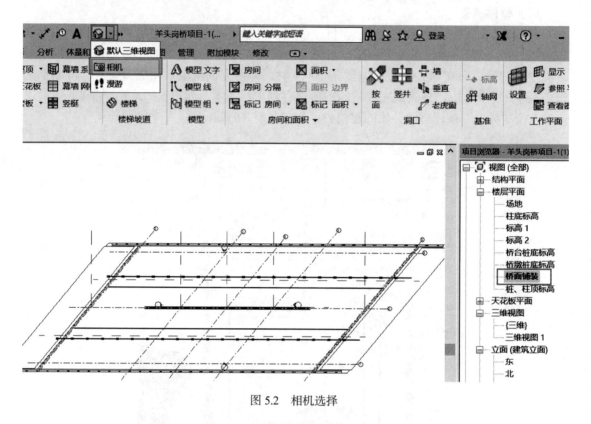

图 5.2 相机选择

将小相机按钮放置在所需要的视野点上，并根据需要调整视野的方向，设置好视野高度，单位 cm，设置完成后，点击鼠标左键结束，如图 5.3 所示，这时，将出现一个二维线框的第一人称视角视图。

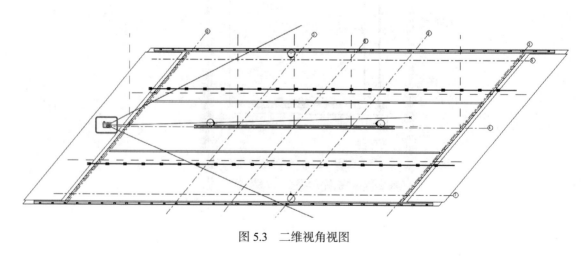

图 5.3 二维视角视图

将视觉样式改为真实，如图 5.4 所示。

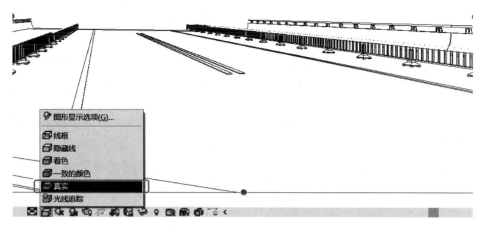

图 5.4　三维视角视图

　　点击"视图"→"渲染"，设置渲染选项，点击"渲染"选项，从而完成对局部的渲染，如图 5.5 所示。和整体渲染一样，可以通过点击渲染菜单中的"保存到项目中"选项将局部渲染的建模保存到项目，也可以通过点击"导出"选项将局部渲染过的建模另存为所需要的格式。

图 5.5　局部渲染

5.1.2 明细表

明细表是 Revit 的材料统计功能，"明细表"位于"视图"选项卡的"创建"面板里。明细表以表格形式显示信息，这些信息是从项目中的"图元属性"中提取的。

（1）使用创建好的明细表

进入三维视图，若界面无"项目浏览器"，在空白处点击鼠标右键，弹出菜单，在菜单中依次点击"浏览器"→"项目浏览器"，调出"项目浏览器"菜单，在项目浏览器中找到"明细表/数量"选项，单击打开，根据需要选择建模时的部位如图5.6所示。以"B_结构柱明细表"为例，双击"B_结构柱明细表"选项，可看到结构柱信息，如图5.7所示。

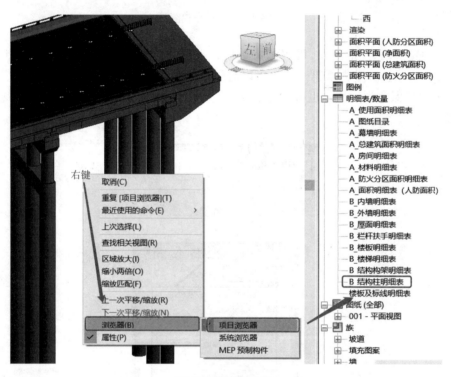

图 5.6 局部明细表

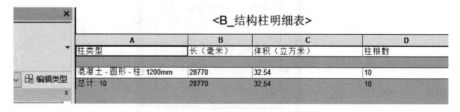

图 5.7 结构柱明细表信息

根据需求，在左侧明细表下方工具栏中，对明细表中"字段""过滤器""排序/成组""格式""外观"进行编辑，如图5.8所示，编辑完成后，点击"确定"按钮结束。

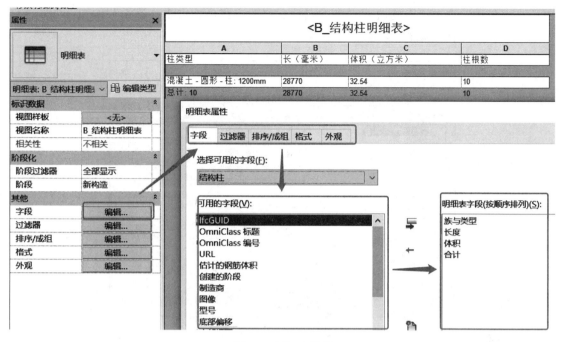

图 5.8　明细表设置

（2）新建自定义明细表

在"视图"选项卡中，找到"明细表"选项，依次点击"明细表"→"明细表 / 数量"，如图 5.9 所示，弹出"新建明细表"菜单。

图 5.9　新建明细表路径

根据需要再选择所有类别，也可以选择其中一个类别，如图 5.10 所示。以"楼板"为例，在"名称"选项里，修改明细表的名称，修改完成后，点击"确定"按钮，如图5.11所示，弹出"明细表属性"菜单。

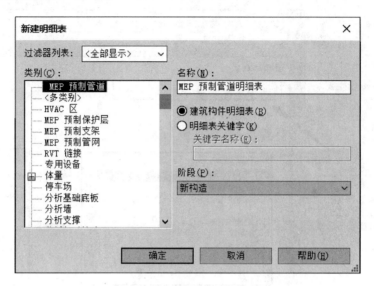

图 5.10　明细表类别选择

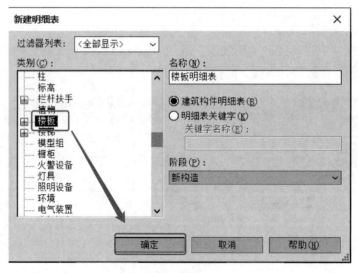

图 5.11　楼板类别设置

在"明细表属性"菜单中，在"字段"选项卡里根据需求，通过菜单中间的正反箭头 ⮐/⮐ 来添加和移除明细表字段，通过调整菜单右下方的上下方向箭头⬆⬇，可以调整明细表字段的排列顺序，和使用创建好的明细表一样，也可以在这里根据需求来完成明细表中"过滤器""排序/成组""格式""外观"的设置，点击"确定"按钮完成，如图5.12所示。在视图左上方找到所创建的明细表，如图5.13所示。

可以将明细表进行导出，依次点击"文件"→"导出"→"报告"→"明细表"，如图5.14所示，设置好文件名、文件类型以及保存路径，点击"保存"按钮，便可完成明细表的导出，如图5.15所示。

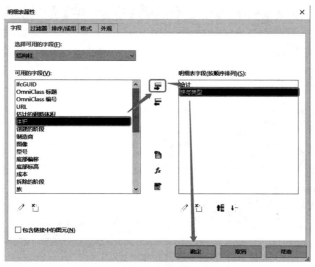

图 5.12　明细表字段设置

<B_楼板明细表>

A	B	C	D	E
族与类型	标高	周长（毫米）	体积（立方米）	面积（平方米）
楼板：桥面铺装 - 桥面铺装	桥面铺装	168011	250.55	1252.76
楼板：黄实线 - 20	桥面铺装	128600	0.19	9.60
楼板：白实线 - 20	桥面铺装	106100	0.16	7.94
楼板：白实线 - 20	桥面铺装	106100	0.16	7.94

图 5.13　明细表

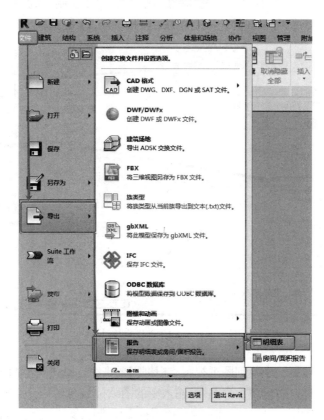

图 5.14　明细表导出

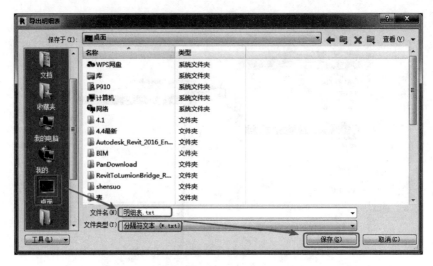

图 5.15　明细表导出路径设置

5.1.3　导出 CAD

Revit 作为主流的 BIM 设计软件，自然也具备利用三维模型来导出图纸的功能，大家可以将 Revit 模型导出为多种 CAD 格式，以用于其他软件。

在"视图"选项卡中选择"图纸"选项，弹出"新建图纸"窗口，选择"载入"选项卡，在"标题栏"文件夹中根据需要选择标题栏，以"A2 公制"为例，点击"打开"按钮完成设置，点击新建图纸窗口中的"确定"按钮，如图 5.16 所示。

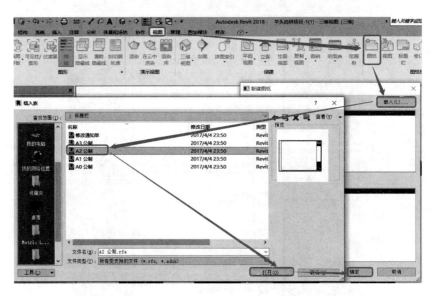

图 5.16　"A2 公制"图纸导入

可以在"项目浏览器"中找到图纸视图，根据需要来对图纸进行重命名。右键点击"项目浏览器"中的图纸名称，右键"重命名"，输入新的图纸标号和名称，点击"确定"，如图 5.17 所示。图纸中的"所有者""项目名称"也可以根据需要进行修改，修改信息后导入视口。

桥梁工程 BIM 建模技术

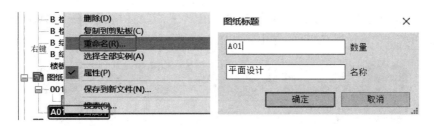

图 5.17　图纸重命名

在"项目浏览器"中通过按住鼠标左键直接把图纸拖入视口，如图 5.18 所示。此时发现图纸边界大出图框，选中图纸，将"属性"栏中的"视图比例"调整至"1 ： 200"，如图 5.19 所示，再调整视图位置。

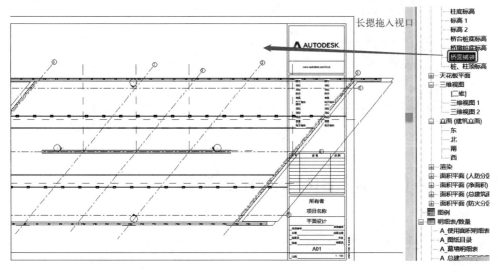

图 5.18　图纸拖入视口

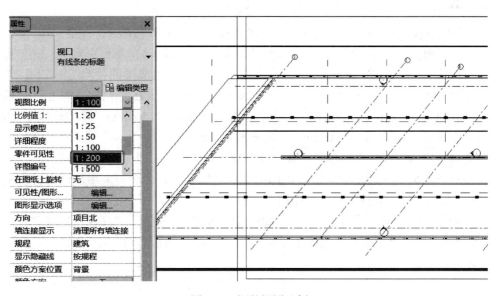

图 5.19　调整视图比例

点击左上角"文件"选项，依次点击"导出"→"CAD 格式"→"DWG"，并设置保存路径，即可完成 Revit 到 CAD 的导出，如图 5.20 所示。

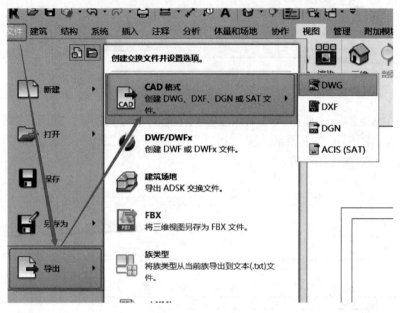

图 5.20　CAD 图纸导出

 任务拓展（"1+X" BIM 职业技能训练）

5.1.4　模型创建与渲染

如图 5.21～图 5.23 所示，按要求构建房屋模型，结果以"建筑"为文件名保存在考生文件夹下，并对模型进行渲染（第二期 BIM 技能等级考试一级）。

①已知建筑的内外墙厚均为 240mm，沿轴线居中布置，按照平、立面图纸建立房屋模型。楼梯、大门入口台阶、车库入口坡道、阳台样式及尺寸参照图 5.21；二层棚架顶部标高与屋顶一致，棚架梁截面高 150mm，宽 100mm，棚架梁间距自定。其中窗的型号 C1815、C0615，尺寸分别为 800mm×1500mm、600mm×1500m；门的型号 M0615、M1521、M1822、JLM3022、YM1824，尺寸分别为 600mm×1500mm、1500mm×2100mm、1800mm×2200m、3000mm×2200mm、1800mm×2400mm。

②请对一层室内进行家具布置，可以参考给定的一层平面图。

③对房屋不同部位附着材质，外墙体采用红色墙面涂料，勒脚采用灰色石材，屋顶及棚架采用蓝灰色涂料，立柱及栏杆采用白色涂料。

④分别创建门和窗的明细表，门明细表包含"类型""宽度""高度"以及"合计"字段；窗明细表包含"类型""底高度（900mm）""宽度""高度"以及"合计"字段。明细表按照类型进行成组和统计。

⑤对房屋的三维模型进行渲染，设置蓝色背景，结果以"房屋渲染.JPG"为文件名，保存在文件夹中。

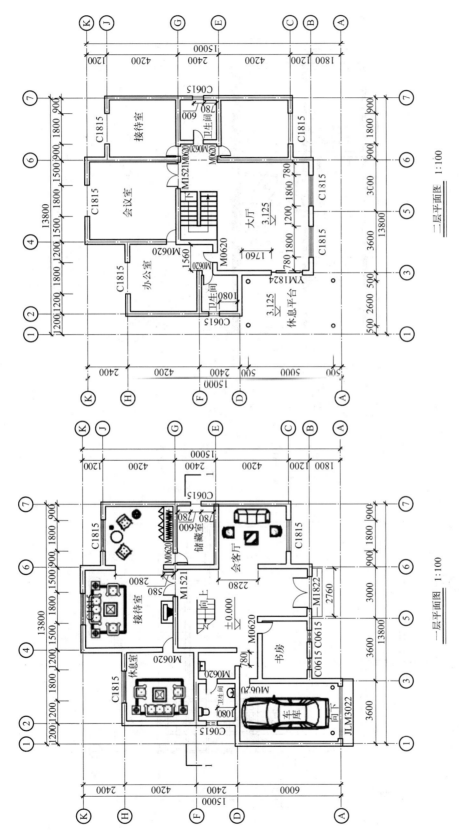

图 5.21 平面图（标高为 m，余下为 mm）

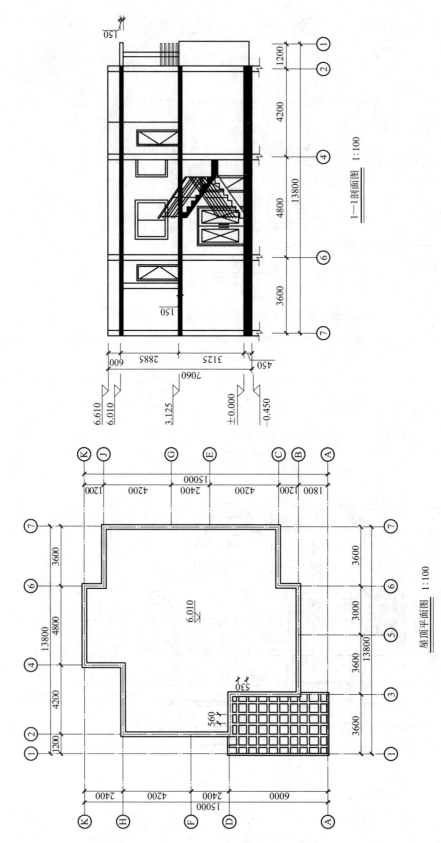

图 5.22 屋顶平面图、剖面图（标高为 m 外，余下为 mm）

1—1剖面图 1:100

屋顶平面图 1:100

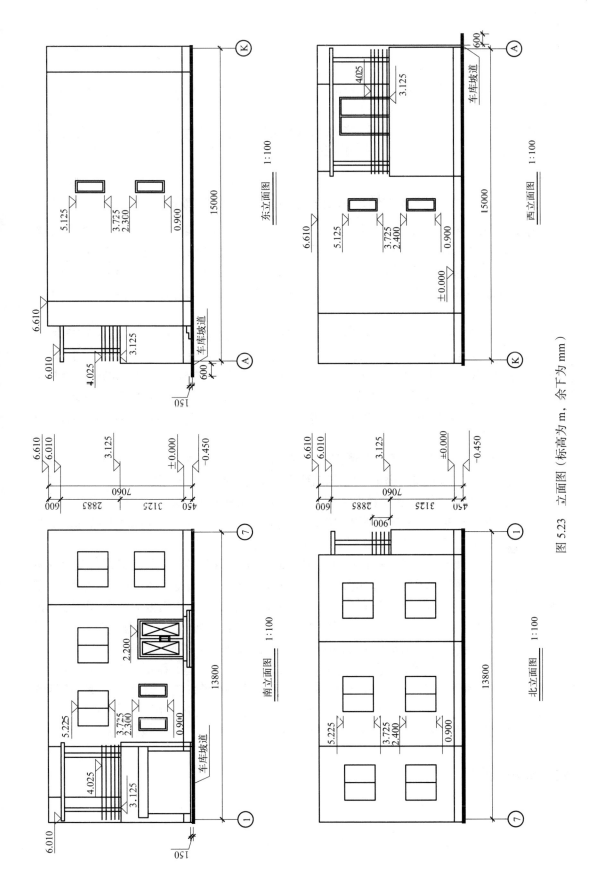

图 5.23　立面图（标高为 m，余下为 mm）

本项目主要学习了建模技术的拓展应用，BIM 技术不仅被应用在建筑结构、桥梁结构，在隧道、沉管隧道、海洋工程等领域也得到了广泛应用。在港珠澳跨海大桥中的应用，体现了 BIM 技术的优势。下面给大家分享港珠澳大桥岛隧工程总工程师林鸣的故事，看看他是如何带领团队克服一个又一个工程难题，最后建成港珠澳跨海大桥，创造大型工程建造的世界奇迹。

港珠澳大桥岛隧工程总工程师林鸣的故事

林鸣，港珠澳大桥岛隧工程总工程师，长期在一线从事桥梁、隧道、海洋工程等技术工作，他主持建设的港珠澳大桥岛隧工程，是我国首次建设的外海沉管隧道，是世界上规模最大的公路沉管隧道，也是世界上唯一的深埋沉管隧道，设计施工均无成熟经验可以借鉴。他以一种"强国筑梦"的责任感，义无反顾地率领团队承担起攀登世界建桥技术高峰的重任，践行着一位桥梁工程师的崇高使命。

港珠澳大桥开工以来，作为工程技术创新的领军人物，林鸣带领团队一直在不断失败、不断探索、不断总结、不断创新中砥砺前行。面对国外技术咨询公司的漫天要价和"你们没有能力做这件事情"的藐视，为了争一口气，他主持研发并实施了众多新材料、新结构、新工艺，申报专利 400 余项。不仅解决了许多工程界的世界级难题，保证了工程顺利完工，同时促进我国岛隧工程建设水平跻身国际先进行列，对未来类似工程建设提供了诸多开创性方法及思路。

林鸣的担当品格，在工程界有口皆碑。早在 2000 年，他负责建设时为中国第一大跨径悬索桥的润扬大桥，其中南汊悬索桥北锚碇因其体量大被誉为"神州第一锚"。北锚碇基坑深 50m，长江和基坑之间的土堤若发生塌方，江水将瞬间灌满基坑。工人们望而却步，无人敢下基坑，他以身试险，拿起小板凳坐在基坑底陪工人们一起施工。润扬大桥通车时，林鸣与小板凳的故事上了央视《新闻联播》，他被誉为"定海神针"。

在港珠澳大桥建设中，林鸣的拼搏担当精神更是有口皆碑。2013 年首节沉管安装充满挑战、困难重重，他率领团队连夜现场攻关、连日紧张施工，历经近百个小时海上鏖战，最终战胜困难，成功完成第一节沉管安装，开拓了中国外海沉管隧道建设的先河；2013 年正值第八节沉管安装准备关键时期，林鸣积劳成疾，鼻腔大量喷血，四天内经历了两次全麻手术，术后第七天，他毅然回到安装船上指挥作战，直到成功安装才下船复查；2014 年 11 月至 2015 年 3 月，E15 沉管安装遭遇基槽异常回淤，历经三次浮运、两次回拖，他带领团队持续奋战了 150 多个日日夜夜，三战伶仃洋，共同应对了一场来自大自然的挑战。在困难和风险面前，他始终靠前指挥、冲锋陷阵，凭借着一种迎难而上的品质和坚忍不拔的意志，为超级工程推进、为国家建桥领域发展付出了巨大心血。

知识巩固

1. 下列属于 Rveit 材料统计功能的是（   ）。

A. 图元属性　　　B. 明细表　　　　　　C. 算量插件　　　　　　D. 关联性

2. Revit 的材料统计功能以表格形式显示信息，这些信息是从项目的（　　　）中提取的。

A. 视图　　　　　　B. 图元属性　　　　　　C. 渲染　　　　　　D. 导出

3. Rveit 软件中，可以直接利用（　　　）对建模进行渲染。

A. 内置功能　　　　B. 效果图　　　　　　C. 绘图　　　　　　D. 文件

4. 下列说法正确的是（　　　）。

A. 在明细表属性中不可以通过菜单中间的反向箭头来添加和移除明细表字段

B. 通过调整菜单右下方的上下方向箭头，可以调整明细表字段的排列顺序

C. 明细表字段的排列顺序不可以在明细表设置中完成

D. 在"名称"选项里不可以修改明细表名称

5. 如何使用创建好的明细表？（　　　）

A. 可以在项目浏览器中查找　　　　　　B. 可在邮件中查找

C. 可在插入菜单中查找　　　　　　　　D. 可在图元属性中查找

6. 下列说法正确的是（　　　）。

A. Revit 不具备导出图形的功能

B. 将 Revit 模型导出多种 CAD 格式可以用于其他软件

C. 利用 Revit 进行模型渲染不能形成建筑效果图

D. 渲染完成后的图形只能保存到项目中

7. Revit 在完成建模之后，可以在（　　　）选项卡找到渲染选项对模型进行渲染。

A. "插入"　　　　B. "试图"　　　　　　C. "引用"　　　　　　D. "视图"

8. 学习 Rveit 对大家有（　　　）帮助。

① 提高三维空间想象力　　　　　　　② 提高自主学习能力

③ 让我们更好地了解计算机　　　　　④ 锤炼精益求精的工匠精神

A.①②③④　　　　B.①②③　　　　　　C.①②④　　　　　　D.②③④

附录 1　Revit 中国标准快捷键设置路径详表

工具命令	软件默认路径	快捷键	编制规则与命令说明
创建注释类			
标高	建筑＞基准	LL	属于具有三维空间属性的二维系统族，只允许在立面、剖面视图中创建、编辑，可生成相应楼层的平面视图
轴网	建筑＞基准	GR	轴网英文 grid 的简写。属于具有三维空间属性的二维系统族，可在平面、立面、剖面视图中创建，在平面中可调整位置，在立面中可调整穿过标高所在的楼层平面
墙：建筑	建筑＞构建＞墙	WA	墙体英文 wall 的简写
门	建筑＞构建	DR	分别为英文 door 和 window 的简写，主要构件族，可自行根据门窗族样板创建或从族库载入
窗	建筑＞构建	WN	
建筑柱	建筑＞构建＞柱	CL	柱子英文 column 的简写
结构柱	建筑＞构建＞柱	CL	
对齐尺寸标注	注释＞尺寸标注＞对齐	DI	尺寸标注 dimension 的简写。绘制 Revit 施工图时最常用的标注类快捷键
（创建）房间	建筑＞房间和面积＞房间	RM	英文 room 的简写。用于创建面积平面视图里房间的面积，同时生成"房间"这个二维平面族
放置构件（模型）	建筑＞构建＞构件＞放置构件	CM	构件英文 component 的简写。属于可载入的构件族，使用方法同载入门窗构件族
创建类似	修改＞创建	CS	创建类似英文 create similar 的简写。鼠标拾取一个已创建好的族，使用此命令可重复创建
按类别标记	注释＞标记＞按类别标记	TG	按左手方便操作原则设置。主要用于在平面视图中添加门窗的标记
高程点	注释＞尺寸标注＞高程点	EL	高程英文 elevation 的简写。用于在平立剖面创建高程点，也可在透视图中创建
详图线	注释＞详图＞详图线	DL	详图线英文 detail line 的简写。仅创建项目模型文件状态下可用，用于创建当前视图或详图视图中专有的线，可取代参照平面，起到画辅助线的作用

工具命令	软件默认路径	快捷键	编制规则与命令说明
模型线	建筑＞模型＞模型线＞	LI	模型线英文 line 的简写。创建项目文件、族状态下都可用，存在于三维空间中且在项目的所有视图下都可显示，用来表示建筑设计中的线状三维几何图形，如室外景观构件中遮阳伞下的绳索、桥梁模型中悬吊的钢缆等
视图控制类			
视图切换	视图＞窗口＞切换窗口	Ctrl+Tab	按左手方便操作原则设置。用于两个或多个视图窗口之间的快速切换
层叠窗口	视图＞窗口＞层叠	WC	按左手方便操作原则设置。可层叠排列当前多个视图窗口
平铺窗口	视图＞窗口＞平铺	WT	窗口平铺英文 window tile 的简写，按左手方便操作原则设置。可平铺排列当前多个视图窗口
编辑设置类			
可见性／图形替换	视图＞图形＞可见性图形	VV	Revit 施工图中项目样板设置的重要工具，主要用来确定平立剖面视图中建筑构件在不同视图比例下显示的详细程度和不必要图元的视图隐藏，以便符合国内施工图绘制的标准
绘制参照平面	建筑＞工作平面＞参照平面	RP	参照平面英文 reference plane 的简写。可以用作各视图模型绘制中的参照线
细、粗线视图显示样式	视图＞图形＞细线	TL	细线英文 thin line 的简写。此命令在软件界面的快速选项栏中，确定平立剖面视图中图元细线和粗线的显示状态，粗细程度取决于项目样板中对象样式下线宽的设置
对齐	修改＞修改	AL	二维状态下图元编辑的经典快捷键组合，一般为英文单词的简写，是修改模型和线条的基础。但 Revit 中的剪切、延伸、缩放、旋转、镜像等命令有别于 CAD，逻辑更加严谨，另外增加了拆分图元的两种方式
偏移		OF	
删除图元 移动		DE MV	
复制		CO	
旋转		RO	
镜像（拾取轴）		MM	
镜像（绘制轴）		DM	
修剪／延伸		TR	
阵列		AR	
缩放		RE	
锁定		PN	
解锁		UP	
拆分图元		SL	

工具命令	软件默认路径	快捷键	编制规则与命令说明
创建组	修改＞创建＞创建组	GP	组相关的快捷键组合一般在项目文件中用来快速编辑、设置重复性的图元组，如：住宅楼建筑平面视图中各户型中家具、卫浴及附属装置可捆绑为各个相关组，按照相关户型内的放置原则，复制到所有此户型，只用修改一个组，其他被复制的相关组内的图元布置可一并关联修改，减少了大量重复性编辑工作，快速方便
编辑组	上下文选项卡＞成组＞编辑组	EG	
解组	上下文选项卡＞成组＞解组	UG	
解组	上下文选项卡＞成组＞链接	LG	
放置模型组	插入＞从库中载入＞作为组载入	ZG	
填色删除填色	修改＞几何图形	PT	可根据个人习惯设置。主要用于在墙体、屋顶的子面域上修改材质，但首先要使用"拆分面"工具划分出子面域来
项目单位	管理＞设置＞项目单位	UN	用于打开项目单位对话框，可在项目文件及族编辑状态下使用

附录2 建筑信息模型（BIM）职业技能等级要求（市政道桥专业中级）

（廊坊市中科建筑产业化创新研究中心 2021年2.0版）

工作领域	工作任务	职业技能要求
1. 模型创建	1.1 建模环境设置	1.1.1 能根据 BIM 建模软件要求选择合适的 BIM 硬件设备； 1.1.2 能独立解决 BIM 软件安装过程中的问题； 1.1.3 能对 BIM 建模软件中的样板文件提出设置需求； 1.1.4 能根据项目及本专业需求，创建相适应的标准项目样板
	1.2 专业模型建立	1.2.1 能使用 BIM 软件创建复杂的建筑构件； 1.2.2 能使用 BIM 软件创建复杂的结构构件； 1.2.3 能使用 BIM 软件创建复杂的水、风、电、气等系统件； 1.2.4 能根据创建自定义构件库的需求，熟练使用创建参照点、参照线、参照平面等参照图元以实现自定义构件的参数化
2. 模型更新与协同	2.1 模型更新	2.1.1 能将 BIM 模型的数据导入导出； 2.1.2 能对 BIM 模型的文件格式进行转换； 2.1.3 能对各阶段的 BIM 模型进行更新完善； 2.1.4 能批量补充新的属性信息和项目信息； 2.1.5 能替换原有的模型图元
	2.2 模型协同	2.2.1 能选用合适的 BIM 协同方式； 2.2.2 能完成专业间 BIM 模型的链接，共享坐标系、项目样板，统一模型细度、出图标准等，协同工作； 2.2.3 能根据项目要求，完成专业间 BIM 模型的链接、整合； 2.2.4 能通过整合模型进行碰撞检查及问题标记管理

工作领域	工作任务	职业技能要求
3. 数据及文档导入导出	3.1 数据导入导出	3.1.1 了解 BIM 数据标准、BIM 数据格式以及 BIM 数据相关标准； 3.1.2 能根据 BIM 应用需求将 BIM 模型按照相应的数据格式导入导出； 3.1.3 能导出相关应用所需 BIM 模型数据； 3.1.4 能导入相关应用所需 BIM 模型数据
	3.2 成果输出	3.2.1 能对视图进行设置并合理布置图纸，使之满足土建专业图纸规范； 3.2.2 能按照制图国标在图档中加入标注与注释； 3.2.3 能设置图纸中的图层、线型、文字等内容，并能修改及添加图框内容； 3.2.4 使用 BIM 软件输出图纸； 3.2.5 能使用 BIM 软件设置复杂、详细参数，并对模型成果进行渲染及漫游； 3.2.6 使用 BIM 软件输出渲染及漫游成果
4. 市政道桥专业应用	4.1 施工场地规划	4.1.1 能使用 BIM 软件创建临时结构模型； 4.1.2 能使用 BIM 软件创建施工场地模型； 4.1.3 能分析施工场地规划合理性，适时调整方案； 4.1.4 能制定管线改迁、交通疏导方案
	4.2 工程量及测量数据复核	4.2.1 能正确复核临时结构工程量； 4.2.2 能正确复核永久结构工程量； 4.2.3 能正确复核测量数据； 4.2.4 能基于实景模型正确计算土石方工程量
	4.3 深化设计	4.3.1 能查找出图纸问题； 4.3.2 能使用 BIM 软件检测出碰撞冲突； 4.3.3 能使用 BIM 软件综合优化设计管道； 4.3.4 能使用 BIM 软件输出复杂结构节点大样图
	4.4 施工管理	4.4.1 能完成施工方案、施工工序、施工工艺的三维可视化模拟； 4.4.2 能合理分析施工方案、施工工序、施工工艺，适时调整方案； 4.4.3 能关联 BIM 模型与安全、质量、进度、成本等因素； 4.4.4 能根据实际工程情况与计划进行对比，及时调整施工资源； 4.4.5 能作为项目不同参与方运用 BIM 模型进行协同管理
	4.5 竣工验收	4.5.1 能熟悉本专业的竣工验收内容及标准； 4.5.2 能基于 BIM 施工模型创建 BIM 竣工模型； 4.5.3 能基于 BIM 竣工模型组织竣工验收； 4.5.4 正确提交、转移 BIM 竣工资料

参 考 文 献

［1］ 汪谷香，龚静敏 . 桥涵信息建模（BIM）Revit 操作教程［M］. 北京：人民交通出版社，2018.

［2］ 龚静敏 . 桥梁 BIM 建模基础教程［M］. 北京：化学工业出版社，2022.

［3］ 孙海霞 . 桥梁工程 BIM 技术及工程应用［M］. 北京：化学工业出版社，2021.

［4］ 赵彬，王君峰 . 建筑信息模型（BIM）概论［M］. 北京：高等教育出版社，2020.

［5］ 邱冰清 . 茅以升：中国桥魂美名扬［N］. 新华每日电讯，2021-06-1（7）.

［6］ 陈金彪 . 工匠精神，匠心追梦技能报国［EB/OL］. 北京：中国教育新闻网，2021［2022-05-28］. https://baijiahao.
baidu.com/s?id=1718626686731701243&wfr=spider&for=pc

［7］ 王宇 . 举重若轻用自信创造奇迹——访中国交建总工程师，港珠澳大桥岛隧工程项目总经理、总工程师林鸣［J］. 交通
建设与管理，2017，（10）：68-75.